Grammaire Élémentaire de
l'Ancien Français

ALSO FROM TIGER XENOPHON

Kennedy's New Latin Primer
Benjamin Hall Kennedy
Revised by Gerrish Gray
(available in US and UK editions)

From Latin to Italian
Charles H. Grandgent

Grammar of the Gothic Language
Joseph Wright

A Greek Grammar
William W. Goodwin

ALSO FROM TIGER OF THE STRIPE

The Student's Dictionary of Anglo-Saxon
Henry Sweet

**The History of English Handwriting
A.D. 700–1400**
Sir Edward Maunde Thompson

Grammaire Élémentaire de l'Ancien Français

Joseph Anglade

*Ancien Professeur
à l'Université de Toulouse*

nouvelle édition

TIGER XENOPHON
est une marque de
TIGER OF THE STRIPE
50 Albert Road
Richmond
Surrey TW10 6DP
Royaume-Uni

cette édition © 2008 Tiger Xenophon
tous droits réservés

ISBN 978-1-904799-20-7

composé au Royaume-Uni
par Tiger of the Stripe

imprimé aux États-Unis
et au Royaume-Uni par
Lightning Source

Préface

Ce petit livre n'a pas besoin d'une longue introduction. Il est le résumé d'un enseignement élémentaire donné pendant la guerre à un auditoire restreint de jeunes étudiants et surtout de jeunes étudiantes, dont les connaissances philologiques étaient de beaucoup inférieures à la bonne volonté et à la curiosité de s'instruire. Je crois d'après mon expérience de l'enseignement – et même d'àprès mes souvenirs d'étudiant – que cet ouvrage pourra rendre d'appréciables services aux personnes qui commencent l'étude de notre ancienne langue; plusieurs d'entre elles sont découragées dès le début, car «les longs ouvrages leur font peur».

Nous avons voulu rédiger à leur intention un manuel qui puisse leur servir d'introduction non seulement à l'étude d'ouvrages plus complets, mais encore et surtout à l'étude des textes. Tout en condensant le plus possible notre matière, nous avons visé à donner le nécessaire et l'essentiel. En ce qui concerne principalement la Morphologie, les étudiants pourront revoir rapidement les formes les plus importantes dont la connaissance est indispensable pour une composition de grammaire historique ou pour une explication de textes.

La grammaire historique de l'ancien français n'est pas seulement obligatoire dans certains examens et concours de l'enseignement supérieur; elle a sa place marquée officiellement dans l'enseignement secondaire et dans les écoles normales, comme elle l'a dans les examens et concours de l'enseignement secondaire des jeunes filles. Peut-être, grâce à la simplicité de l'exposition, ce petit livre sera-t-il accessible à cette catégorie de jeunes lecteurs.

Enfin nous serions heureux si quelques amateurs éclairés, curieux de notre passé – l'espèce en est moins rare qu'on ne pense – pouraient trouver ici une introduction assez commode à l'étude de notre ancienne langue et par là de notre ancienne littérature. Car les commotions qui agitent les peuples et qui ébranlent les nations rappellent aux uns et aux autres leurs origines; n'oublions pas, maintenant plus que jamais, qu'au moyen âge nous avons conquis le monde par la poésie lyrique ou épique et que nous sommes les héritiers d'un passé très grand et d'une très belle civilisation: noblesse oblige!

Dans notre plan primitif cette Grammaire élémentaire *ne devait comprendre que la* Phonétique *et la* Morphologie; *à la demande de mes éditeurs, j'y ai ajouté une* Syntaxe. *Cette dernière partie est conçue dans le même esprit que les deux autres: j'ai cherché à donner l'essentiel, en évitant l'inutile et le superflu. Le départ n'est pas toujours facile à faire et je ne me flatte pas d'y avoir complètement réussi. J'ai tenu à multiplier les rapprochements entre la syntaxe de l'ancien français et la syntaxe du XVIIe siècle, pour donner au moins au lecteur un aperçu de la syntaxe historique et une idée de l'intérêt que présente son étude.*

Mes collègues et amis, MM. Ed. Bourciez, *professeur à l'Université de Bordeaux, et* M. Grammont, *professeur à l'Université de Montpellier, ont bien voulu lire une épreuve de cet ouvrage; je leur dois maintes observations précieuses et je leur en exprime mes plus sincères remerciements.*

Toulouse, septembre 1917.

Abréviations et Signes Conventionnels

a. fr. = ancien français.
fr. mod. = français moderne.
germ. = germanique.
lat. cl. = latin classique.
lat. vulg. = latin vulgaire.
prov. = provençal.
E ouvert et o ouvert sont représentés ainsi: ę, ǫ;
E et O fermés = ẹ, ọ; accentués: ẹ́, ọ́.
Œ̨ représente eu ouvert de cœur, peur, fleur; œ représente eu fermé de jeu, peu.
ã, õ, ẽ, œ̃ sont des voyelles nasales (pan, rond, plein, vin, vain, jeun).
Đ = th anglais doux; þ = th anglais dur.
W = w anglais.
Le signe suivant: > placé après un mot latin (ou quelquefois germanique) signifie donne, aboutit à... Ex. Fratrem > frère, c'est-à-dire le latin fratrem donne en français, frère, aboutit à frère.
Le signe < signifie: dérive de... Ex. Frère < fratrem signifie: frère dérive du latin fratrem.
Les voyelles toniques portent, quand il y a lieu de les accentuer, un accent aigu: frátrem, pátrem, pópulus.
Un astérisque placé devant une forme indique que cette forme est hypothétique.
L'accent placé sur la première voyelle d'une diphtongue indique que la diphtongue est descendante: Ex: ói, óu (prononcez: óï, óou, en une seule émission de voix); l'accent placé sur la deuxième voyelle indique une dipthongue ascendante: oé, oá, wá (prononcez: o͡e, o͡a, o͡ua en une seule émission de voix).

N. B. Les formes des substantifs et adjectifs français provenant en général des accusatifs latins, nous citons les mots latins sous la forme qu'ils ont à l'accusatif. Il faut observer d'ailleurs que m finale ne sonnait pas en lalin vulgaire; turrem, canem, sororem étaient, en réalité, torre, cane, sorore; caballum, murum, templum étaient caballo, muro, templo.

PREMIÈRE PARTIE
PHONÉTIQUE

CHAPITRE 1

Observations Générales

Le latin classique importé dans les colonies romaines subit, dans chacune de ces colonies, des modifications. Il se forma peu à peu une langue moins «correcte» que le latin classique et que l'on désigne sous la dénomination, assez impropre d'ailleurs, de *latin vulgaire*.

Ce latin nous est connu, en petite partie, par les inscriptions et par des textes du VIe, VIIe et VIIIe siècles (lois des Barbares ou Germains, formules de notaires, etc.).

Le latin vulgaire différait du latin classique dans les formes de la déclinaison et de la conjugaison, dans la syntaxe et dans le vocabulaire.

On déclinait par exemple *corpus, corpi, corpo* (au lieu de *corpus, corporis, corpori*), *capus, capi, capo* (au lieu de *caput, capitis, capiti*); on disait au nominatif pluriel de la 1re déclinaison *rosas* au lieu de *rosae* et on faisait de *folia* (pluriel neutre de *folium*) un féminin singulier *folia, foliæ*, etc.

Dans la conjugaison on disait: *morit* pour *moritur, partit* pour *partitur, sequit* pour *sequitur, sum amatus* pour *amor, habeo scriptum* pour *scripsi*, etc.

Dans le vocabulaire les différences étaient nombreuses entre le latin littéraire et le latin vulgaire: on disait, en Gaule, *caballus* au lieu de *equus, tabula* au lieu de *mensa, mansio* ou *hospitale* au lieu de *domus, villa* au lieu de *urbs*, etc.

Parmi les verbes on peut citer *cambiare* au lieu de *mutuare, desiderare* au lieu de *optare, adjutare* au lieu de *adiuvare, carricare* au lieu de *onerare, cooperire, deoperire* pour *aperire, minare*[1] pour *ducere* etc.

En syntaxe la conjonction *quod* est employée dans les phrases où le latin classique mettait l'infinitif avec un accusatif sujet: *credo Deum esse sanctum* devient en latin vulgaire: *credo quod Deus est sanctus.*

Le français dérive, pour la plus grande partie de son fonds, du latin. Toutes les théories qui ont essayé de le faire dériver d'une

---

1   *Minari*, menacer, a pris en passant dans les langues romances le sens de *mener: mener* à l'origine c'est *menacer*, en parlant des animaux que l'on mène en les menaçant.

autre source, par exemple du celtique, sont radicalement fausses. Les noms d'origine celtique sont au contraire assez rares.[1] Parmi les principaux on peut citer: *aloue* (dim. *alouette), arpent, bec, benne, braie, breuil, chemise, char, charrue, cervoise, grève, jarret, petit;* peut-être *chemin, jambe, soc.*

Les éléments germaniques sont plus importants: beaucoup se rapportent à la guerre, comme: *guerre, guaite* et *guet, herberge* (plus tard *auberge;* camp), *maréchal;* armures: *brant, épieu, estoc;* équipement: *haubert, heaume, éperon, gonfanon, bannière, étrier;* autres mots: *alleu, fief, gage; bliaut, gant robe; échanson, échevin;* verbes : *fourbir, fournir, garantir, guerpir garnir, saisir,* etc.[2]

Le grec a fourni quelques éléments, surtout à l'époque des croisades.

Nous avons emprunté aussi quelques mots à l'italien et à l'espagnol, aux XVIe et XVIIe siècles (termes militaires surtout: *bastion, escarpe, capitaine, caporal, escadre, colonel,* etc).

DIALECTES

L'ancien français n'est pas une langue uniforme: il comprend plusieurs dialectes très importants, illustrés par des œuvres littéraires, et dont quelques-uns présentent entre eux de grandes différences: les dialectes *wallons* et *lorrains,* qui ont plusieurs traits communs; le *normand, l'anglo-normand* écrit en Angleterre jusqu'au XIVe siècle, et le *picard;* le *bourguignon;* le *champenois;* le *francien,* ou dialecte de l'Ile de France; c'est de ce dernier qu'est sortie, après de nombreuses transformations, la langue française moderne; c'est le *francien,* tel qu'il existait aux XIe–XIIIe siècles, qui sera principalement l'objet de cette étude.

L'ensemble de ces dialectes formait la *Langue d'Oïl.* La *Langue d'Oc* comprend les dialectes gascons, limousins, languedociens, provençaux, etc.

On appelle *moyen français* le français écrit aux XIVe et XVe siècles. *L'ancien français* est le français écrit du IXe siècle à la fin du XIIIe.

---

1 Deux centaines environ.
2 Il y a environ un millier de mots, dont quelque-uns très usuels, d'origine germanique.

LES PLUS ANCIENS TEXTES FRANÇAIS

Les plus anciens textes français sont: les *Serments de Strasbourg* (en 842); la *Cantilène de Saint Eulalie* (aux environs de 881; 29 vers); l'*Homélie sur Jonas* (première moitié du Xe siècle, «curieuse épave de la prédication en langue vulgaire»);[1] le poème de la *Passion* (129 strophes de quatre vers) et la *Vie de Saint-Léger* (240 vers) (deuxième moitié du Xe siècle, avec des formes méridionales dues au scribe); la *Vie de Saint Alexis*, texte intéressant au point de vue linguistique et littéraire (vers 1040; 625 vers en strophes de cinq vers de dix syllabes); le *Pèlerinage de Charlemagne* (vers 1060); la *Chanson de Roland* (vers 1080).[2]

LES VOYELLES EN LATIN VULGAIRE

Le latin classique avait les cinq voyelles suivantes (longues et brèves):

ā	et	ă
ē	et	ĕ
ī	et	ĭ
ō	et	ŏ
ū	et	ŭ

Dans le latin vulgaire[3] la notion de timbre a remplacé celle de longueur ou de brièveté. Les voyelles ne sont plus longues ou brèves, mais ouvertes ou fermées. Voici un tableau de correspondance des voyelles du latin classique et de celles du latin vulgaire.

---

1 G. Paris, *La litt. fr. au moyen âge*, 3e éd., § 152.
2 La *Chanson de Roland* remonte plus haut; mais le texte le plus ancien qui nous ait été conservé date de cette époque-là.
3 Du moins en ce qui concerne le latin qui est à la base du français.

Lat. Vulg.	Lat. Class.
a	(ā et ă)
ẹ	(ē et ĭ, ainsi que œ)
ę	(ĕ et æ)
ọ	(ō et ŭ)
ǫ	(ŏ)
i	ī
u	ū

Ainsi on ne divise pas les voyelles du latin vulgaire en voyelles *breves* et *longues*, mais en voyelles *ouvertes* et *fermées*.

Les voyelles *fermées* les plus usuelles sont ẹ et ọ; les principales voyelles *ouvertes* sont ę et ǫ. D'importants changements phonétiques se produisent selon que les voyelles sont ouvertes ou fermées

VOYELLES LIBRES ET ENTRAVÉES

La voyelle est *libre* quand elle est suivie d'une seule consonne: m*a*re, s*o*ror, p*a*ter, ou de deux consonnes dont la 2ᵉ est r ou l: p*a*tre, c*a*thedra, c*a*pra, etc.; ou enfin d'une voyelle: m*e*-a, t*u*-a.[1]

La voyelle est *entravée* quand elle est suivie de deux ou plusieurs consonnes. **Ex:** r*u*pta > route, c*a*lcem, r*u*mpe, d*o*rmio, etc.

En général l'entrave a une action conservatrice et la voyelle ne change pas.

L'entrave peut être latine ou romane; ou plus exactement primaire ou secondaire.

Spissum, partem, noctem, mentem, etc., sont des exemples de la 1ʳᵉ catégorie.

Anima devenu *an'ma, anma* dans le latin vulgaire, *femina – femna, domina – domna, *soliculum – soliclum, viridem – virdem, dubitare – dubtare*, etc., sont des exemples de la 2ᵉ catégorie.

---

[1] Le groupe *ns*, dans des mots comme *mensem*, ne forme pas entrave, car ce groupe s'était déjà réduit à *s* précédé par une voyelle nasilée en latin classique – W. S. Allen, *Vox Latina*, 2ᵉ éd., Cambridge University Press, 1978.

En général les effets de l'entrave, qui consistent à empêcher la transformation de la voyelle entravée, sont les mêmes, que l'entrave soit latine ou romane.

ACCENT

L'accent, a dit le grammairien latin Diomède, est l'âme du mot. Il est resté en général, dans les langues romanes, à la place qu'il occupait dans le latin vulgaire. L'accentuation du latin vulgaire elle-même ne différait que sur quelques points de celle du latin classique: ainsi on accentuait en latin vulgaire *bátt(u)ere* > battre, au lieu de *battuere*, *cóns(u)ere* > cousre, cousdre, coudre, au lieu de *consúere*; *filiólus* > filleul (lat. cl. *filíolus*), *muliérem* > – a. fr. moillier (esp. *mujér*) (lat. cl. *mulierem*), etc.

Les mots latins de deux syllabes sont accentués sur la première: *rósa, témplum, sóror, cánem* > fr. témple, róse, sœur, chien.

Les mots de trois syllabes et au-dessus sont accentués: 1° sur l'avant-dernière (ou *pénultième*, du mot latin *pænultimus*, qui signifie: presque dernier, avant-dernier) quand cette avant-dernière voyelle est longue en latin classique:

Ex: *sorṓrem* > a. fr. serour;
favṓrem > faveur;
vicī́num > voisin;
divī́num > devin. etc.

2° sur l'antépénultième (c'est-à-dire sur la troisième syllabe en partant de la fin du mot) quand l'avant-dernière voyelle est brève en latin clasique:

Ex: *cárcĕrem* > a. fr. chartre;
fémĭnam > femme;
ásĭnum > âne;
júvĕnem > jeune, etc.

TRAITEMENT DE LA PARTIE POSTTONIQUE DU MOT

La voyelle de la syllabe atone finale des mots latins accentués sur l'avant-dernière syllabe (pénultième) tombe, sauf quand elle est un *a*.

Ex: *bonum*[1] > bon;
fidem > foi;
homo > hom, on;
manum > main ;
manére > manoir;
amáre > amer, aimer;
amárum > amer (adj.), etc.

Mais, avec a final:

causam > chose;
cantat > chante ;
amat > aime, etc.

Dans les proparoxytons (mots accentués sur la 3ᵉ syllabe en partant de la fin du mot) la voyelle placée entre la syllabe accentuée et la syllabe finale tombe:[2]

Ex: *másculum* > masle, mâle;
ténerum > tendre;
préndere > prendre;
presbiterum > preveire (prêtre);
véndere > vendre;
pérdere > perdre;
pónere > pondre;
tráhere > traire, etc.

Quand, par suite de la chute de la voyelle finale, le mot français n'aurait pu se terminer que par un groupe de consonnes difficile

---

1   En réalité on avait en latin vulgaire *bono, vide,* etc.; c.f. les observations préliminaires.
2   On trouve, dans les plus anciens textes, des proparoxytons apparents, comme *áneme, jóvene, imágene, ángel, glórie,* etc.; mais la pénultième ne compte pas et il faut prononcer: *án'me, jóv'ne. imáj'ne, ánj'le, gior-ȳe*.

à prononcer, un *e sourd* à l'origine, plus tard *muet* ou *féminin*, se maintient à la finale.

Ex: *templum* > temple;
intra > entre;
fratrem > frère (a. fr. fredre) ;
patrem > père (a. fr. pedre);
insimul > ensemble, etc.

PARTIE PROTONIQUE DU MOT

Quand la partie protonique du mot ne contient qu'une syllabe (*amáre, portáre*) cette syllabe reste.

Quand la partie protonique se compose de deux ou plusieurs syllabes, cette première partie au mot est considérée, au point de vue de l'accentuation, comme formant un mot isolé: elle a une *tonique* qu'on appelle *contretonique* ou *accent second*[1] et une finale qu'on appelle *contrefinale*.

Ex: *dórmi-tórium* > dortoir;
cívi-tátem > cité;
bóni-tátem > bonté;
véri-tatem > verté, fr. mod, vérité, forme refaite.

Les contrefinales sont traitées comme les finales: elles ne se maintiennent que si la syllabe contient un *a* ou si le groupe de consonnes était imprononçable.

Ex: *cére-vísiam* > cervoise ;
*móne-stérium (cl. *mona-stérium*) > moustier;
*vérvi-cárium > berger.

Mais avec *a:*

cánta-tórem > chante-or (plus tard *chanteur);*
impéra-tórem > empere-dor, empereur;

---

1 Cette *contre-tonique* se trouve sur la deuxième syllabe en remontant à partir de l'accent. **Ex:** *bóni-tátem, véri-tátem; infírmi-tátes, amári-túdinem.* La syllabe initiale portait toujours un accent.

sácra-méntum > a. fr. saire-ment, serment;
árma-túram > arme-üre, armure.

Avec un groupe de consonnes difficiles à prononcer:

quádri-fúrcum > carrefour;
látro-cinium > ladre-cin, larre-cin, larcin;
*cápri-fólium > chèvrefeuil;
*pétro-sílium > pedresil, persil.

CHAPITRE 2

Vocalisme

VOYELLES TONIQUES OU ACCENTUÉES

Le changement des voyelles dépend principalement de l'accent. Certaines voyelles toniques se sont diphtonguées en passant du latin au français; les voyelles atones non, sauf dans des cas d'analogie.

Deux consonnes exercent une grande influence sur les voyelles avec lesquelles elles sont en contact: *n* et surtout la semi-voyelle *y* (appelée *yod*).

Les règles phonétiques ou plutôt les *lois* sont rigoureuses; les nombreuses exceptions apparentes s'expliquent par des faits d'analogie, d'emprunts à d'autres langues, etc.

On appelle *mots savants* ou *mots d'emprunt* les mots empruntés plus ou moins directement au latin ou au grec (et aussi aux langues modernes); ils ont été francisés sans se soumettre aux lois régulières de la phonétique: ainsi *monasterium* donne la forme populaire *moustier* et la forme savante *monastère;* on appelle ces doubles formes *doublets*.

A

A tonique libre devient *e* (pour le son de cet *e*, cf. infra, p. 66, Prononciation).

Ex: *clarum* > cler; *cantare* > chanter; *mare* > mer; *parem* > per; *alam* > ele; *fabam* > fève; *amatam* > amée, etc.

Clair, pair, aile sont des formes refaites à la Renaissance; *a* a été rétabli d'après le latin *(clarum, parem, alam)*.

Quand *a* tonique est suivi de *m, n*, il se dégage un *i* provenant de ces consonnes; le résultat est la diphtongue nasilisée *ein,* prononcée depuis le XIIe siècle avec *e* ouvert.

Ex: *amo* > j'aim ; *clamo* > je claim; *famem* > faim;
manum > main; *panem* > pain;
granum > grain; *planum* > plain;
plangere > plaindre; *frangere* > a. fr. fraindre, etc.

Le suffixe -*álem* a donné -*el*, comme le montrent les formes *mortalem* > mortel; **missalem* > missel; cf. encore *talem* > tel; *qualem* > quel; mais on trouve de nombreuses formes en *al* (*égal, royal, loyal*, etc.), qui n'appartiennent pas sans doute à l'ancien fonds de la langue. On trouve *mel (malum)* à côté de *mal; animal* est emprunte au latin.

Beaucoup de mots savants ou de mots d'emprunt ont gardé l'*a*: *étable, fable, table*,[1] adjectifs en -*able: aimable, coupable*, etc.; *état, pape, candélabre*, etc.

Le suffixe -*árium* donne -*ier: primarium* > premier; **caballarium* > chevalier; **prunarium* > prunier; **pomarium* > pommier, etc.

Le suffixe -*ánum* devient -*ien* quand il est précédé de *i* ou d'une consonne palatale (*c, g*).

Ex: *christi-anum* > chresti-ien, chrétien;
medi-anum > moyen;
decanum > dei-ien, doyen;
paganum > pai-ien, païen.

De même *c* devant *a* tonique libre le diphtongue en *ié*.

Ex: *canem* > chien;
*capum > chief, chef;
carum > chier, cher;
capram > chièvre.[2]

D'une manière générale quand *a*, tonique libre à l'intérieur d'un mot, est précédé soit immédiatement, soit dans la syllabe placée devant lui, d'un *i* ou d'un *j, c, g*, il se diphtongue en *ie*; cela se produit surtout aux infinitifs de la 1re conjugaison. Cette diphtongue *ie* s'est réduite à *e* (*é*) pendant la période du moyen français (XIVe–XVe

---

1 *Tabula* a donné en a. fr. *taule* (dialectal?), auj. *tôle*.
2 Beaucoup de mots français commencent par *ca*: ce sont des mots d'emprunt: cf. infra, au consonantisme, traitement de *c* initial.

siècles); elle a persisté dans quelques mots comme *amitié, moitié, pitié, chien.*

Ex: **vervicarium* > bergier, berger; **leviarium* > légier, léger; **abbreviare*> abrégier; *judicare* > jugier; *baptizare* > batisier; *vindicare* > vengier; *clericatum* > clergiet; *delicatum* > delgiet (fr. mod. délicat); *peccatum* > pechiet; *peccare* > pechier; *dignitatem* > deintiet (dignité); *pietatem* > pitiet; **circare* > cerchier (chercher); *predicare* > prechier; *vocare* > vochier (appeler), etc.

Enfin lorsque *a* tonique et libre précédé d'une palatale se trouve suivi de *c*, il devient *i* (ou *y*) par la réduction d'une triphtongue hypothétique *iei (ie* représentant *a* diphtongué et *i* provenant de *e).*

Ex: *jacet* > **gieist* > gist, gît; *Clipiacum* > **Clichiei* > Clichy; ainsi s'expliquent les nombreuses formes en *y* ou *i* des noms de lieux: Chauny, Choisy (*Cauciacum*), Joigny (*Gauniacum*), Juvigny (*Juviniacum),* etc.

A peut être en contact avec *u,* par suite de la chute d'une consonne intermédiaire; le groupe *au* ainsi produit devient *ou* (à l'origine *óu* diphtongue).

Ex: *fagum, fa(g)um* > fou (hêtre; cf. fouine); *clavum* > clou; *Andega(v)um* > Anjou, *Picta(v)um* > Poitou; *habuit, a(b)uit* > óut (il eut); *sapuit, sa(p)uit* > sóut (il sut).

De même *a* peut être en conact avec le groupe *ui,* par suite de la chute d'une consonne intermédiaire; cela arrive à la 1re personne du prétérit de certains verbes (cf. la conjugaison). On a dans ce cas la diphtongue *ói.*

Ex: *ha(b)ui* > ói (j'eus); *sa(p)ui* > sói (je sus); *pla(c)ui* > plói (je plus), etc.

A tonique entravé se maintient.

 Ex: *árborem* > arbre;
   marmor > marbre;
   partem > part;
   cácerem > chartre;
   cantat > chante.

E FERMÉ

E fermé provient de *ē* et de *ĭ* du latin classique (quelquefois, mais rarement, de la diphtongue *œ*).

E fermé tonique libre se diphtongue à l'origine en *ei* (en passant probablement par *éé*); *ei* devient au XIIIe siècle *oi* (prononcé *óï*, en une seule émission de voix); *oi* devient ensuite (XIVe-XVe siècles) *oé* et *ouḗ* (XVIe-XVIIe-XVIIIe siècles) et, passe enfin dans les temps modernes à *ouḁ*.

Ex: *fẹdem* > fei (X[e]-XIIe siècles), foi (l'orthographe n'a pas varié depuis le XIIe siècle, mais la prononciation a changé: *foé*, *fouḗ* (encore au XVIIIe siècle), *fouḁ* prononciation actuelle).

Cf. encore *tẹlam* > teile, fr. mod. toile; *fẹnum* > fein, foin; *avẹna* > aveine, avoine; *habẹre* > aveir, avoir; *sapẹre* (pour *sápĕre*) > saveir, savoir, et autres infinitifs en -*oir*.

Mẹ, tẹ, sẹ > mei, tei, sei; moi, toi, soi.

E fermé tonique suivi de *n* s'est arrêté ordinairement au stade *ei* : *pœnam* > peine; *sẹnum* (lat. cl. *sĭnum*) > sein; *plẹnum* > plein; *vẹnam* > veine; cf. cependant plus haut *foin, avoine*, qui ont un traitement différent de *sein, veine* et qui sont peut-être des formes dialectales. Cf. encore *mẹnus* (lat. cl. *mĭnus*) > moins.

E fermé tonique précédé de *c*, donne *i* et non *ei, oi*.

Ex: *cẹram* > cire;
mercẹdem > merci;
placẹre > plaisir;
licẹre > loisir.

L'ancien français connaissait aussi *tacẹre* > taisir; cf. *placẹre* > plaisir.

On admet que ce changement de *e* en *i* s'est produit, sous l'influence de *c*, par l'intermédiaire d'une triphtongue *iei*, dans laquelle l'élément du milieu a disparu (le français n'ayant pas conservé de triphtongues) et les deux *i* se sont fondus en un seul.

Dans certains cas *ẹ* tonique était déjà passé à *i* en latin vulgaire: ceci se produisait lorsque, dans un mot accentué sur l'avant-dernière syllabe, la syllabe finale se terminait par un *ī* long: sous l'influence de cet *ī* long final *i* tonique se transformait en *ī*.

Ex: *quaesi pour *quaesivi* du latin classique est devenu en latin vulgaire *quīsī, d'où le fr. *quis* (de *quérir:* cf. je *requis*, j'*acquis*, je *conquis*).

De même *prẹsī (au lieu de *prendidi* du lat. class.) est devenu *prīsī*, d'où le fr. *pris*. Cf. *infra* les conjugaisons.

Cf. encore en syllabe fermée *ĭllĭ* – ou *ẹllī* en latin vulgaire – devenu *īllī* sous l'influence de *ī* long final et aboutissant au fr. *il* et non *el:* de là les formes *nennil* < *non illī* et *oïl* < *hoc illī*.

E fermé entravé ne change pas, conformément à la loi générale; mais il a pris le son ouvert *(è)*.

Ex: *mĭttere - mẹttere* > mettre;
vĭridem, vẹr'dem > vert;
**solĭculum,* lat. vulg. *solẹc'lum* > soleil;
**parĭculum, parẹc'lum* > pareil;
vermĭculum, vermẹc'lum > vermeil.

E OUVERT

E ouvert tonique (provenant de *ĕ, ae* du latin classique) se diphtongue en *ié*.

Ex: *hẹri* > hier; *pẹdem* > pied; *brẹvem* > a. fr. brief ; *fẹbrem* > fièvre; *lẹporem* > lièvre ; *fẹrit* > il fiert (il frappe, du verbe *férir*);[1] *fẹrum* > fier; *quẹrit* (lat. cl. *quaerit*) > il quiert (de *quérir;* cf. *requiert, conquiert, acquiert*); *tẹnet* > tient; *vẹnit* > vient; *rẹm* > rien; *bẹne* > bien; caelum > ciel; *fẹl* > fiel; *mẹl* > miel; *mẹlius* > mielz, fr. mod. mieux.

Lorsque *ẹ* était suivi d'un *yod* (*j, i*) ou d'une consonne palatale (*c, g*), il formait avec ce *yod* ou l'*i* qui provenait de la palatale une triphtongue *iei,* dont l'élément du milieu *(e)* a disparu avant que la langue française soit écrite; par suite le représentant de *ẹ* est, dans ce cas, *i*.

Ex: *mẹdium* > *miei (forme non attestée en français) mi; cf. demi, parmi; *prẹtium* > prix; *pẹctus* > piz (poitrine); *sẹx* > six; *ẹxit* > ist (il sort) *lẹctum* > lit; *lẹgit* > lit; *nẹgat* > nie; *prẹcat (pour *precatur*) > prie, etc.

---

[1] *Fier de ta lance* signifie: *frappe de ta lance.*

Le groupe *eu* provenant du latin classique *(Deum)* ou du latin vulgaire *(Grecum* devenu *Greum)* donne en français la triphtongue *ieu* devenue de bonne heure une diphtongue.

Ex: *Dęum* > Dieu; *Andręum* > Andrieu; *Graecum* > Grieu; celt. *lęgua, le(g)ua* > lieue; germe *tregua* > trieue, trieve, trêve

Mę́um devait être devenu en latin vulgaire *méon*, d'où *mieen, mien*. *Ego* devenu *ę́o, ieo, jo* est devenu finalement *je*, qui provient de *jo* employé comme atone.

E ouvert tonique entravé reste *ę*, aujourd'hui *e* ouvert.

Ex: *sęptem* > sept; *pęrdere* > perdre; *infęrnum* > enfer; *fęrrum* > fer; *tęstam* > teste, tête; *fęstam* > fête, etc.

Lorsque cet *e* est suivi de *l* + consonne il se développe entre *e* et *l* un son *a;* on a ainsi: *bęllus* > beªls; *novęllus* > noveªls; *agnęllus* > agneªls; par suite de la vocalisation de *l* on a ensuite le groupe *eau* : *beau, nouveau, agneau, marteau* (à côté de *martel*, mot d'emprunt), *chapeau, manteau*, etc. Cf. germ. *helm, heªlm* > heaume.

E ouvert entravé suivi de *n* donne la voyelle nasalisée *ã*, écrite ordinairement *en*.[1]

Ex: *vęntum* > vent; **tręmulat, trem'lat* > tremble; *pęndere* > pendre; *gęntem* > gent ; *frumęntum* > froment.

La prononciation *an (ã)* remonte haut; on la trouve déjà dans la *Chanson de Roland* (fin du XIe siècle).

Remarque: Dans les proparoxytons comme *tépidum* la diphtongaison de *ę́* tonique en *ie* s'est produite si la chute de la pénultième est relativement récente.

Ex: *Stę́phanum* > Estienne; *tę́pidum* > tiède; *ę́bulum* > hièble; *antę́phonam* > antienne.

Si au contraire la chute de la pénultième est ancienne, l'entrave se produisant de bonne heure a empêché la diphtongaison.

Ex: *gęnerum, gen'rum* > gendre; *tęntrum, ten'rum*> tendre; **tręmulat, trem'lat* > tremble; *mę́rulam) mer'lam* > merle.

I

I long[2] tonique se maintient sans changement. **Ex:** *amīcum* > ami; *nīdum* > nid; *pīcum* > pic; *rīpam* > rive; *vīvum* > vif; verbes en

---

1   En se prononça d'abord *in*, comme aujourd'hui *in* dans *fin, pin, ein* dans *plein*.
2   Rappelons que *ĭ* (bref) n'existe plus en latin vulgaire et qu'il est devenu *e* fermé.

-*ir* venant de -*ire* (*venir, finir, punir*); participes en -*i* venant de-*ītum*, etc.[1]

Quand *ī* est suivi d'une nasale devenue finale, il a donné en français la voyelle nasalisée *in*: *pinum* > *pin*; *vinum* > *vin*; *finem* > *fin*. Dans la *Chanson de Roland*, *in* assone avec *mis, marquis, ovrir*, ce qui prouve que la prononciation gardait à *i* sa valeur et que la voyelle n'était pas encore nasalisée.

O OUVERT (LAT. CLASS. Ŏ)

O ouvert tonique devient d'abord *uo*, puis, dès le début du XIe siècle, *ue*.[2] *Ue* est devenu dans l'orthographe moderne *eu* (*neuf*), quelquefois *œu* (*bœuf, œuf*), plus rarement *ue* (*cercueil, orgueil, accueil*).

Ex: **vǫlet* (lat. cl. *vult*) > vuelt (veut);
*pǫtet (lat. cl. *potest*) > puet (peut);
mǫvet > muet (meut);
nǫvem > nuef, neuf;
nǫvum > nuef, neuf;
bǫvem > buef, bœuf;
cǫr > cuer, cœur, etc.

O ouvert tonique suivi d'un *yod* ou d'une palatale (*c*) aboutit à *ui*, probablement en passant par la triphtongue *uei*.

Ex: hǫdie > hui ; trōiam (pour trǫiam) > truie;
cǫrium> cuir; plōviam (pour plǫviam, lat. cl. plŭviam) >
pluie; nǫctem > nuit; cǫxam > cuisse;
cǫctum > cuit; ǫcto > huit.

Devant *l* mouillée on a *ue*, *uei*.[3]

Ex: ǫculum > ueil (d'où œil); germ. *urgǫlē* > orgueil; **fǫliam*> fueille (feuille); sǫlium > seuil; trǫculum (pour torculum) > trueil, treuil.

---

1 *Frigidum* aurait dû donner *frid;* on admet que ce mot ost deyenu *frĕgedum* en latin vulgaire, d'où *freid, froid*.
2 Prononcé o͡ué ou ü͡é? La question est indécise. On trouve aussi la graphie *oe*.
3 L'*i* ne sert qu'à marquer le mouillement de *l*.

Focum, jocum, locum donnent *feu, jeu, lien*, par suite de transformations nombreuses et délicates dont le tableau suivant présentera une idée sommaire.

focum > *fuou[1] > fueu > feu;
jocum > *juou[1] > jueu > jeu;
locum > *luou[1] > lueu-lüeu > lieu.

O ouvert tonique libre devant nasale donne *uo, ue*.

Ex: *homo* > *uem*, plus tard *an, l'an* (= on, l'on); *comes* > cuens; *bona* > buona;[2] *sonant* > suenent; *tonant* > tuenent (on trouve aussi ces deux dernières formes sans diphtongaison, à cause de l'influence des formes verbales accentuées sur la terminaison, dans lesquelles la diphtongaison n'a pas lieu: *sonóns, tonóns*).

Plusieurs mots, pour des raisons diverses, dont la principale est, en général, qu'ils sont des mots d'emprunt ou des mots savants, ne présentent pas de diphtongaison. Les plus importants sont: école, (< *schólam*), rose (< *rósam*), rossignol (< *lusciniólum*).

O ouvert entravé devant les consonnes non nasales reste *o*.

Ex: *portam* > porte; *fossam* > fosse; *corpus* > corps; *porcum* > porc; *dormit* > dort, etc.

Dans les cas où l'entrave était d'origine romane, la diphtongaison parait s'être produite dans certains mots avant la chute de la syllabe pénultième qui a amené l'entrave.

Ex: *pópulum* > pueple, peuple; *jóvenem* (lat. cl. *jŭvenem*) > juefne, jeune; *móbilem* (lat. cl. *mōbilem*) > mueble, meuble.

Cf. au contraire *rótulum* > rot'lum > rôle et *cóphinum, cof'num* > coffre.

Devant les consonnes nasales *o* donne la voyelle nasalisée *on* (*õ*). **Ex:** *pontem* > pont; *longum* > long, etc.

---

1 Ce sont des triphtongues provenant de la diphtongaison de *ó* en *uo, ue* et du maintien de *u* devenu final, *m* finale ne sonnant plus en latin vulgaire. La différence de traitement entre *feu, jeu* et *lieu* (à la place de *leu*) s'explique sans doute par l'action des consonnes initiales.
2 Cf. le début de la *Cantilène de Sainte Eulalie: Buona pulcela fut Eulalia*.

O FERMÉ (LAT. CLASS. Ō, Ŭ)

O fermé tonique libre donne en ancien français la diphtongue *óu*[1] (prononcez *óou*) devenue depuis le XIIIe siècle environ *eu*.

Ex : *florem* > flour, plus tard fleur ;
dolorem > dolour, douleur ;
colorem > colour, couleur ;
favorem > favour, faveur ;
golam > goule, gueule ;
horam > houre, heure ;
nepotem > nevout, neveu ;
illorum > lour, leur.

Amorem est devenu *amour* (et non *ameur*) probablement sous l'influence de l'adjectif *amour-eux*.

De même *époux, épouse* n'ont pas subi de changement, sous l'influence de *épouser*. *Nous, vous,* employés surtout comme atones, ne sont pas devenus *neus, veus*. *Lopus, lopa* (lat. cl. *lupus, lupa*) ont donné *loup, louve,* mais la forme *leu* a existé.[2]

Dans les mots d'emprunt *o* n'a pas subi de changement : *dévot, noble,* etc.

Tout provient d'une forme *tottum* pour *totum* et l'*o* y est entravé ; cf. ci-dessous, p. 92.

O fermé tonique + nasale donne la voyelle nasalisée *on*.

Ex : *leonem* > lion ; *pavonem* > pa-on, paon ; *pipionem* > pigeon ; *latronem* > larron ; *mansionem* > maison ; *donat* > donne (prononcé à l'origine *don-ne*) ; *corona* > couronne (*couron-ne*) ; **pomam* > pomme (*pon-me*).

O fermé entravé (ordinairement *ŭ* en latin classique) donne *ou*, écrit au début de la langue *o* et *ou*.

Ex : **tottum* (pour *totum*) > tout ; *coppam* (lat. cl. *cuppam*) > coupe ; *robium* (lat. cl. *rubeum*) > rouge ; *gottam* > goutte ; *roptam* (*ruptam,* sous-entendu *viam*) > route ; *pollam* (*pullam*) > poule ; *diornum* (*diurnum,* de *diu*) > jour ; *fornum* (*furnum*) > four, etc.

---

1 La graphie est ordinairement *o* et, chez les scribes normands ou anglo-normands, *u* (*flor* et *flur, precios* et *precius*). La prononciation paraît avoir été, au début, celle d'un *o* fermé, légèrement diphtongué.

2 Elle existe encore dans l'expression : *à la queue leu leu*. C'est à dire *à la queue le leu,* à la queue du loup ; cf., en Normandie, les noms de lieu *Pisseleu, Saint-Leu, Chanteleu*.

Gǫrgam (gŭrgam) aurait dû donner gourge et non gorge, avec o ouvert; de même *mǫttum (*mŭttum) mout, et non mot. Nǫptiae (nŭptiae) était devenu sans doute nǫptiae en latin vulgaire (influence de nǫvus?) et a donné noces. Medŭlla est devenu modella par changement de suffixe dû à une métathèse des voyelles e, ŭ (ǫ) et a donné mo-elle, moelle (prononcé mwal).

O fermé entravé suivi d'une nasale donne on. Ǫndam (ŭndam) > onde; ǫmbram > ombre; plǫmbum > plomb; ǫndecim > onze; rǫmpere > rompre, etc.

O fermé libre ou entravé + y (i, c, g)

O fermé tonique suivi d'une consonne + yod, ou de c, g qui ont donné i, se joint au yod pour constituer la diphtongue oi, devenue ensuite oé, oué, oua.

> **Ex:** vǫcem > voix; crǫcem > croix; nǫcem > noix;[1]
> angustiam (lat. vulg. angǫstiam) > angoisse;
> jungere > joindre; pungere > poindre;
> junior > joindre, geindre, gindre;[2]
> cuneum > cunium > coin ; pugnum > poing; punctum >
> point; dans tous ces mots ŭ tonique égale ǫ ferme.

Dans les mots verecundia (lat. vulg. verecǫndia), Burgundia (lat. vulg. Borgǫndia) le groupe ndi donne n mouillée (suivie de e muet final), et o fermé se transforme en o ouvert, sans aboutir à oi: vergogne, Bourgogne (a. fr. vergongne, Bourgongne).

Suffixe -ǫrium > -oir (dortoir, miroir, parloir, mouchoir, etc.).

Le suffixe -ŭculum, -ŭcula (lat. vulg. -ǫculum, -ǫcula), a donné oil, oille, puis ouil, ouille.

> **Ex:** fenuculum > lat. vulg. fenǫclum > fenouil; genuculum > genouil;[3] *peduculum > peouil;[4] veruculum > verrouil; *conuculam > conǫclam > quenouille; *ranunculam > ranǫclam > grenouille.

---

1 A. fr. vois, crois, nois.
2 Garçon boulanger. La forme du lat. cl. est jūnior, celle du lat. vulg. jŭnior, jǫnior.
3 Genoil, peoil, verroil faissient au cas-sujet singulier ou au cas-régime pluriel genolz, peolz–polz, verrolz (s ajouté à il se transforme en z et fait disparaître i, qui marque le mouillement de l). Par suite de la vocalisation de l on a eu: genouz–genous, pous, verrous, d'où le singulier genou, pou, verrou.
4 Cf. pouilleux, a. fr. peouilleux.

U

U long tonique, qui sonnait *ou* en latin, est devenu *u*; suivi d'une nasale devenue finale, il donne la voyelle nasale *un* (œ̃).

Ex: *dūrat*> dure; *pūrum*> pur; *secūrum*> seür, sûr;
flūmen > flun (fleuve); *plūmam* > plume;
ūnum > un ; *lūnam*> lune; **agŭrium* (lat. cl. *augŭri*um) > e-ür, plus tard *eur, heur,* dans *bonheur, malheur.*

Le son *u* (*ü*) est propre au français et au provençal; les autres langues romanes ont gardé le son *ou* du latin.[1] On a voulu attribuer ce changement de *ou* en *u* à une influence celtique; mais cela n'est pas démontré.

U long tonique suivi de *c, g* donne par la palatalisation du *c* la diphtongue *ui*.

Ex: *tructam* > truite; *destructum* > destruit; *conductum* > conduit; *fructum* > fruit; **brūgitum* (lat. cl. *rugitum*) > bruit.

L'ancien français disait aussi *luite,* de *luctam,* lutte.

U suivi d'un *yod* donne le même résultat, même s'il n'est pas en contact immédiat avec le *yod*: **ūstium* (lat. cl. *ostium*) > huis; **pertūsium* > pertuis.

DIPTHONGUES

Parmi les diphtongues latines *au* est la seule qui soit assez fréquente.[2] Elle se prononçait *a͡ou* en latin. Elle a donné, quand elle était tonique, *ǫ* ouvert.

Ex: *aurum* > or; *audit*> il ot (entend) ;
thesaurum > trésor; *laurum* > lor (laurier);
pauperem > *pǫvre,* fr. m. pauvre;
*gaudiam > joie; *claudere* > clore;
aucam > oie (et *oue*); *fábricam, faurga* > forge;
*paraulam (de *parábolam*) > parole.

---

[1] Sauf quelques dialectes du Nord de l'Italie.
[2] Les diphtongues æ, œ ont été traitéess plus haut; cf. *e* ouvert et *e* fermé (p. 22–24).

Au en contact avec *u* latin, par chute d'une consonne, donne *ou*. **Ex:** *paucum* > pou (peu); *raucum* >rou (cf. *en-rou-er*).

VOYELLES PROTONIQUES ET POSTTONIQUES

Les voyelles *protoniques* ou *prétoniques* se maintiennent ordinairement, quand elles sont initiales d'un mot.

Quand elles sont *libres*, il se produit quelques modifications peu importantes.

Quand elles sont *entravées*, elles subissent encore moins de changements.

Pour les voyelles *protoniques* qui ne sont ni initiales, ni en syllabe initiale, ni contretoniques on sait qu'elles sont considérées comme *contrefinales* et traitées comme si elles étaient après l'accent principal.

Nous ne nous occuperons ici que des voyelles protoniques initiales ou en syllabe initiale.

A reste *a*. **Ex:** *avril; avoir; amer* (aimer); *amer* (< lat. *amarum*); *aval* (< *ad vallem*); *baron; clamer; naïf; savoir; laver*, etc.

A initial ou en syllabe initiale, suivi ou précédé de *r*, passe ordinairement à *e: granarium* > grenier; *armeniam* > hermine; *ranunculam > grenouille; *sarcófagum* > cercueil; **materiamen, mat'riamen* > merrain.

A libre en syllabe initiale après *c* devient *e* (*ca* > *che*). **Ex:** *caballum* > cheval; *capriolum > chevreuil; *capillum* > cheveu; *camisiam* > chemise.

Cabane, canal (cf. *chenal*) et autres mots commençant par *ca* sont sans doute des mots d'origine méridionale; plusieurs sont d'origine normanno-picarde; cf. *infra*, traitement du *c* (p. 45).

Chapelle, chapitre, chanoine, chameau, etc., ne paraissent pas être d'origine populaire.

Quand *a* précédé de *c* en syllabe initiale est suivi de *l*, il se maintient ordinairement.

Ex: *calorem* > chaleur;
calere > chaloir, cf. nonchaloir
calamellum> chalumeau.

A formant un hiatus d'origine romane avec *ü* se dissimile en *e*.

Ex: **habutum* > *eü*, eu;
*saputum > *seü*, su;
*sabucum > *seü, su* (su-reau).
maturum > *meür*, mûr;
*agurium (pour *augurium*) > *eür*, eur.

A protonique entravé se maintient.

Ex: *cantare* > chanter;
lassare > lasser;
carbonem > charbon;
castaniam, lat. cl. *castaneam* > chastaigne, etc.

Cf. encore *manteau, chanter, vanter*, etc.

A protonique, initial ou en syllabe initiale, suivi d'une consonne + *yod*, ou en contact avec un *i* provenant de *c*, donne la diphtongue *ai*.[1]

Ex: *adjutare* > *ajutare* > aidier; *axellam* > aisselle; *laxare* > laissier; *tractare* > traitier; *lactucam* > laitue; *rationem* > raison; *sationem* > saison; *ma(n)sionem* > maison.

Comme on le voit par ces derniers exemples, il n'est pas nécessaire que l'*a* soit en contact immédiat avec *i* (yod) pour que la diphtongue *ai* se produise.

E

Il n'est pas nécessaire de distinguer, à l'initiale protonique, *e* ouvert de *e* fermé.

E libre, initial ou en syllabe initiale, se maintient, sous forme d'*e* muet, et disparaît dans quelques mots, quand il est en hiatus, par suite de la chute d'une consonne.

Ex: **etaticum* > eage, âge; *debere* > devoir; *vedere* (lat. cl. *videre*) > veoir, voir; *sedere* > seoir; **minare, menare* > mener; **seperare* (pour *separare*) > sevrer; *vetellum* (lat. cl. *vitellum*) > veel, veau; *sigillum* > seel, seau, sceau; **veracum* (pour *veracem*) > verai, vrai.

---

[1] Prononcée *di* à l'origine, mais devenue *ey* vers 1100, puis *ę* (e ouvert) au milieu du XIIe siècle.

Dans quelques mots *e* s'est transformé en *u* sous l'influence de la consonne précédente.

Ex: *gemellum* > jumeau (cf. *les Gémeaux*); **fimarium*, > fumier (et non *femier*); *bibitis*, lat. vulg. *bebetis* > buvez (a. fr. *bevez*).

E entravé reste, avec le son d'*e* ouvert devant *r*,[1] d'*e* fermé dans les autres cas.

Ex: *fermare* (lat. cl. *firmare*) > fermer; *sermonem* > sermon; *vertutem* (lat. cl. *virtutem*) > vertu; *mercedem* > merci; **fellonem* > félon; *cessare* > cesser; *districtum*, lat. vulg. *destrictum* > destreit, détroit, etc.

E suivi d'une nasale (*n, m*) + consonne forme avec cette nasale la voyelle nasalisée *en* (prononcée *an, ã*).

Ex: *ingenium*, lat. vulg. *engenium* > engin; *inflare* > enfler; **intrare* > entrer; *imperium* > empire; **impejorare* > empirier.

E + *c, g, e* + consonne + *yod* > *ei*, puis *oi*.[2]

    Ex: *medietatem* > meitiet, moitié;
             **lecere* (lat. cl. *lĭcere*) > leisir, loisir;
             necare > neiier, neier, noyer;
             **pectorinam* > peitrine, poitrine;
             vecturam > veiture, voiture;
             exire > eissir, issir.

E en syllabe initiale suivi de *r, l* (ou même précédé de *l*), passe quelquefois à *a*, les groupes *er–ar, el–al* étant phonétiquement très voisins.

Ex: *mercatum* > marché; *per* > par (*par* n'ayant pas d'accent est protonique par rapport au mot qui le suit); *pervenire* > parvenir; **pergamīno* > parchemin; **remare* > ramer; **zelosum, *ielosum* > jaloux; **glenare* > glaner; **bilanciam*, lat. vulg. *belanciam* > balance; *silvaticum, selvaticum* > salvage, sauvage; *delphinum* >dalfin, dauphin.

Leonem a donné *lion*, par suite du passage de *e* à *i* en hiatus et *laetitiam*, devenu *leesse*, a donné *liesse*. Dans *ciment* (de *cementum* pour *caementum*) l'*i* paraît être dû à l'influence de la palatale initiale.

---

1   Et aussi, à l'origine, devant s + consonne: *vestir, peschier*.
2   Pour les transformations de cette diphtongue, cf. le traitement de ę tonique *supra*. p. 22.

O (Ǫ, Ọ)

O ouvert et *o* fermé libres en syllabe initiale ont abouti dans la langue moderne à *ou* (à l'origine de la langue *o* fermé).

Ex. ǫ ouvert: *mǫvere* > mouvoir; *prǫbare* > prouver; **jǫcare* > jouer; *lǫcare*> louer; **vǫlere* (lat. cl. *velle*) > vouloir; **pǫtere* (lat. cl. *posse*) > pouvoir; *dǫlere* > douloir; *sǫlere* > souloir, etc.

Ex. ọ fermé: *sọbinde* (lat. cl. *sŭbinde*) > souvent; *nọdare* > nouer; *plọrare* > plourer;[1] *sọlatium* > soulas, etc.

O ouvert entravé en syllabe initiale reste *o*.

Ex: *dǫrmire* > dormir; **sǫrtire* > sortir; *mǫrtalem* > mortel; *pǫrtare* > porter, etc.

Au contraire *o* fermé entravé donne *ou*.

Ex: *sọbvenire* (lat. cl. *subvenire*) > souvenir; *cọrrentem* > courant; *nọtrire* > nourrir; **sọfferire* (lat. cl. *sufferre*) > souffrir; *dọbtare*> douter, etc.

O ouvert ou fermé suivi d'une nasale + consonne forme avec cette nasale la voyelle nasalisée *on*.

Ex: *computare* > conter, fr. mod. compter; *cǫmmeatum* > congiet, congé; *nǫmerare*, *nǫm'rare* > nombrer ; *nǫminare*, *nǫm'nare* > nommer (prononcé, au début, *nonmer*), etc.

Dans quelques mots usuels employés comme proclitiques *on* est pàssé à *an*: *dominam*, *domnam* > dame; *dominus* > danz; cf. dameisel–damoiseau, dameiselle–damoiselle; **dominiarium* donne *dongier* (puissance) et *danger*. Enfin *non* s'est affaibli en *nen*; cf. *nen-il*, *nennil* (< *non illī*) (prononcé *nan-ni*, *nã-ni*).

O ouvert ou fermé suivi d'une consonne + *yod* ou d'une palatale (*c, g*) donne *oi* (*oin* devant nasale).

Ex: **fǫcarium* > foyer; ** lǫcarium* > loyer; *otiosum* > oiseux; *pǫtionem* > poison; *ǫxorem* (lat. cl. *uxorem*) > oissour (épouse); **longitanum* > lointain; *joncturam* (lat. cl. *juncturam*) > jointure. Octobre est un mot savant. L'ancienne langue avait *oitouvre*.

Remarque: *Sororem* donne *serour* (sœur) par dissimilation de *o–o* en *e–o*;[2] **conuclam* > quenouille; *rotundum* > reond, rond, présentent une dissimilation de même nature.

---

1   *Plourer* comme *demourer* est devenu *pleurer* sous l'influence des formes accentuées sur le radical: je *pleure*, tu *pleures*. etc.
2   On trouve déjà *serorem*, *retundum*, dans des inscriptions du IIIe siècle.

C'est ainsi que s'expliquent également *semondre* de *subménere* (lat. vulg. *sǫbmónĕre*), *secourir* de *succurrere*, *selonc* (selon) de *sublongum*, mots où l'*o* initial (*ŭ*) est fermé.

I

I long se maintient en syllable initiale.

Ex: *fīlare* > filer; *līmare* > limer; *prīvare* > priver; **mīrare* (lat. cl. *mirari*) > mirer.

Quand la voyelle tonique est un *ī*, l'*ī* de la syllabe précédente se dissimile en *e*.

Ex: *dīvīnum* > devin (*divin* est un mot savant); *dīvīsum* > devis (*diviser, indivis* sont des mots savants); *fīnīre* > fenir (*finir* est moderne); **pīttītum* > petit; *mīsistī* > mesis, meïs, mis.

Vīcīnum, devenu dans le latin vulgaire *vecinum,* donne *veisin, voisin.*

Les mots *premier, merveille* présentent également le passage de *ī* initial à *e* (lat. *prīmarium, mīrabilia* pluriel neutre de *mirabilis*).

Directum est devenu *d'rectum, drectum* en latin vulgaire, d'où: *dreit, droit.*

U

U long en syllabe initiale, prononcé *ou* en latin, devient *u (ü)* : *dūrare* > durer; **ūsare* > user.

Cf. cependant **jūníciam* (lat. cl. *junix*) > génisse et *jūníperum,* devenu en latin vulgaire *junéperum* (peut-être *jeneperum*), qui donne *genièvre,* où le *yod* initial paraît avoir dissimilé l'*ū* en *e*.

Suivi d'un *c*, *ū* long donne la diphtongue (*üi*).

Ex: *lūcéntem* > luisant; *dūcéntem* > duisant (dans *conduisant, séduisant,* etc.)

AU

Au protonique initial devient *o* (ouvert) comme *au* tonique.

Ex: *pausare* > poser; *auriculam* > oreille; **ausare* > oser; **raubare* > dé-rober.

Devant une voyelle cet *o* est passé à *ou* : *audire* > ouïr; *gaudīre* (lat. cl. *gaudere*) > jouir; *laudare* > louer.

Au + *c*, *au* + consonne + *yod*, aboutissent à la diphtongue *oi*.

Ex: *aucellum* (lat. cl. *avicellum*) > oisel; *gaudiosum* > joïous, joyeux.

Augustum et *augurium* étaient devenus en latin vulgaire *agustum, agurium;* d'où *aoust, août; eür, eur* (*boneur, maleur;* fr. mod. *bonheur, malheur,* par influence de beure).

SEMI-VOYELLES (Y, U = W)

La semi-voyelle *i* (*yod*) se trouve tantôt dans une syllabe tonique ou protonique (*ratiónem* > raison, *potionem* > poison), tantôt, et même plus souvent, dans une syllabe posttonique: **gaudiam* > joie, **ustium* > huis. Elle sera étudiée à la fin du consonantisme.

En ce qui concerne le traitement des voyelles en contact immédiat ou indirect avec la semi-voyelle *i* (*yod*), cf. *supra*, aux différentes voyelles.

La semi-voyelle *u* (= *w*) (dans *qui, quando, quare*), beaucoup moins importante d'ailleurs que *i* (*yod*), sera étudiée également à la fin du consonantisme.

VOYELLES POSTTONIQUES

Elles ont été traitées plus haut (p. 16), à propos de l'accent.

CHAPITRE 3

Consonantisme

Dans la transformation des voyelles l'accent a joué le rôle principal. Pour la transformation des consonnes, il n'en est pas de même.: ce sont les voyelles environnant la consonne qui ont déterminé en généralles changements.

Voici le tableau des consonnes de l'ancien français, qui a été très reu modifié dans la langue moderne.

		sourdes	sonores
occlusives	palatales	k (c, q)	g
	dentales	t	d
	labiales	p	b

PALATALES SPIRANTES (CHUINTANTES)

sourde	sonore
ch	j

SIFFLANTES

sourdes	sonores
f	v
s	z

LIQUIDES

l, r

NASALES

n, m (labio-nasale)
ng (lat. *anguis*, nasale-palatale)

SEMI-VOYELLES

y (yod), u (w)

Enfin il faut ajouter les consonnes mouillées: ñ, ł (*gn, ign; ill*). L'ancien français a aussi connu le son correspondant au *th* doux anglais (on le note ainsi: đ ou ḍ) ainsi qu'au *th* dur.

On peut distinguer deux positions dans les consonnes: la *position forte*, quand la consonne commence un mot ou qu'elle est initiale d'une syllabe après une consonne: *canis, panis, manus, car|bonem, por|tare, mem|brum, rup|tum; position faible*, quand la consonne est entre deux voyelles: *laudat, ripa, faba, vita, locat, jocat*.

La règle générale est que les consonnes en position forte se maintiennent, tandis que, parmi les consonnes en position faible, les *occlusives* (labiales, dentales, palatales) s'affaiblissent ou disparaissent. On verra, dans le détail, l'application de cette règle.

H avait disparu en latin vulgaire et n'a pas été rétabli dans des mots comme: avoir < *habere*, on < *homo*, orge < *hordeum*. Mais elle a été rétablie artificiellement dans des mots où elle n'est pas aspirée, comme *herbe, héroïne*, dans des mots où elle est aspirée comme *héros, haricot*, et dans des mots d'origine germanique (*honte* < germ. *haunita; heaume* < germ. *helm; haubert* < germ. *halsberg*) ou influencés par des mots germaniques: *altum* > *aut* et, sous l'influence de l'allemand *hoch, haut*. Dans d'autres mots comme *huit, huile, huis, h* indiquait que *u* voyelle ne devait pas être confondu avec *u* consonne (*v*).

Exemples de consonnes qui s'affaiblissent; intervocaliques[1] les sourdes deviennent des sonores ou disparaissent.

P > b > v: *ripam* > rive ;
             crepat > crêve;
             sapam > sève;

---

[1] On appelle *intervocaliques* les consonnes placées entre deux voyelles, comme *d* dans *laudat, c* dans *placet*.

>   *sapère* > savoir;
>   *fabam* > fève .
> K¹ > g > i: *pacat* > **pagat* > paie;
>   *dicat* > **digat* > die;
>   *negat* > nie.
> T > d > đ > (zéro): *vitam* > *vida* > *viđa* > vie;
>   *crudam* > *cruđa* > crue.

Les consonnes doubles placées entre deux voyelles se maintiennent en se simplifiant: *cappam* > chape, *mappam, mattam* > nappe, natte (pron. *nape, nate*).

Les liquides (*l, r*) sont souvent soumises à la *dissimilation* (*r* devient *l* et réciproquement). **Ex:** *peregrinum* > pèlerin, germ. *heriberga* > auberge, *Arverniam* > Auvergne, etc.

Dans les groupes de trois consonnes la consonne du milieu disparaît ordinairement: *rumpit* > a. fr. ront; *servit, serv't* > sert; *dormit, dorm't* > dort; *computare, comp'tare* > conter, etc.²

La *métathèse* consiste en ce que la consonne change de place dans la même syllabe ou passe dans la syllabe qui précède immédiatement.

Ex: *formaticum* > formage, fromage; *vervecem* > berbis, brebis; **turbulare* > torbler, fr. mod. troubler; **torculum*, lat. vulg. **troculum* > treuil.

LABIALES (P, B)

P, b initiaux restent.

> **Ex:**   *patrem* > père;
>   *parem* > per, pair;
>   *pontem* > pont;
>   *bonum* > bon;
>   *bene* > bien.

P intervocalique devient *v*, après être passé à *b* en latin vulgaire.

---

1   Ou *c* devant *a, o, u*.
2   L'orthographe a fait reparaître souvent la consonne du milieu: *rompt, compter,* etc. Quand la première consonne d'un groupe de trois consonnes est une nasale et que la troisième est une liquide, le groupe reste intact: *temple, ventre, rendre, esclandre, répondre:* en réalité, il n'y a que deux consonnes, dont une liquide, précédées d'une voyelle nasaliée *ã, õ, ĩ.*

Ex: *ripam* > rive;
lupam > louve;
sapẹre > savoir;
capillum > cheveu.

Devenu final, il passe à *f*.

Ex: *apem* > ef (abeille);
*capum (pour *caput*) > chief.

Lọpum est devenu *lọvum*—*loum*, *lou* (normand *leu*) d'où l'expression à *la queue-leu-leu*; *Chanteleu* (nom de lieu); cf. *supra*, p.27 n.).
Mots savants: *apostre*, *chapitre*, *épistre*, etc.

Groupes pl, pr à l'intérieur des mots

Pl, p'l devient *bl; duplum* > double ; *capulum* > *cap'lum* > câble. *Populum* a donne *peuple*, mais *poblo* dans les Serments de Strasbourg (842).

Remarque: Les mots comme *triple*, *couple*, etc. sont des mots savants.

Pr, p'r, devient *vr*.

Ex: *capram* > chèvre; *febrem* > fièvre; *aprilem* > avril; *piperem, pip'rem* > poivre; *leporem> lep'rem* > lièvre; *seperare> sep'rare* > sevrer; *operare, op'rare* > ouvrer; *operarium, op'rarium* > ouvrier; *pauperem > paup'rem* > pauvre.

Dans les groupes *pt, pd, ps* le *p* tombe. **Ex:** **adcaptare* > acheter (*capter* est d'origine savante);[1] *tepidum, tep'dum* > tiède; *sapidum, sap'dum* > sade;[2] *capsam* > châsse; **metepsimum* > medesme, meesme, même. Le *p* a été rétabli dans *sept*, *septembre* (a: fr. *set*, *setembre*), etc., sous des influences savantes; cf. *sceptre*, *précepte*, etc.

B initial reste, comme il a été dit plus haut.

Intervocalique il s'est affaibli en *v* devant *a, e, i*, et il a disparu devant *o, u*.

---

[1] *Captif* est un mot savant; *captivum* devenu **cactivum* a donné *chaitif, chétif*.
[2] *Rapidum* a donné *rade*.

Exemples:
1°   *debere* > devoir;
hibernum > hiver;
caballum > cheval;
tabernam > taverne;
subinde > souvent;
cubare > couver.

2°   *sabucum* > seü, su (dans su-reau);
*habutum > e-ü, eu;
*debutum > de-ü, dû;
*tabonem > taon.

Emprunts aux langues méridionales, probablement au provençal : *abeille, cabane, ciboule, cabus* (chou), etc.

Groupes bl, br à l'intérieur des mots

Le groupe *bl, b'l* reste sans changement.

Ex: *sabulum* > sable;
stabulum > étable ;
tabulam > table.

Remarque: *Tôle* et *parole* paraissent empruntés au dialectes de l'Est où le groupe *b'l* vocalise le *b* en *v*.

Br, b'r devient *vr*.

Ex: *libram* > livre;
*labram > lèvre;
liberare, lib'rare > livrer;
fabrum > fevre;
februarium > février.

De même que *p* disparaît dans les groupes *pt, pd*, *b* disparaît dans les groupes *bt, bs, bv, bm*. **Ex:** *dubitare* > *dub'tare* > douter; **subitanum, sub'tanum* > soudain; *obscurum* > oscur; *subvenire* > souvenir; *submónere* (lat. cl. *submonére*) > semondre, etc.

Dans les mots comme *obscur, absent, obstiné, subvenir, observer*, etc., le rétablissement du *b* est dû à une influence savante.

B devenu final passe à *f* comme *p* final. **Ex:** *trabem* > tref; *sebum* > suif; mais le traitement de ce dernier mot est obscur.

DENTALES (T, D)

T initial persiste; le groupe *tr* également. *Terram* > terre; trente, trembler, etc.

Tremere, devenu sans doute en latin vulgaire **cremere,* a donné *criembre* en a. fr. et non **triembre;* d'où, par suite de l'analogie des verbes en *-aindre* provenant de *-angere,* la forme moderne: *craindre.*

T intervocalique dispuraît, après être passé par le stade *đ*.

Ex: *vitam* > viđe, vie; *rotundum* > ređon, reond, rond; **metallea* > médaille, meaille, maille[1] (*médaille* est une forme méridionale); **terratorium* > terređoir, terreoir, terroir (prov. *terradou*). Cf. les nombreux mots en *-oir.* Les participes passés en *-āta, -īta -ūta* donnent *ée, ie, üe* (*parée, finie, venue*).

Le maintien du *t* intervocalique s'explique par l'influence savante dans des mots comme: *natif* (à côté de *naïf,* forme populaire), *créateur, nature, métal,* etc.

Dans *matin t* provient d'un double *tt* (*mat'tinus* pour *matutinus*); *mâtin* vient de *mastin;* dans des mots comme *pâture, pâte,* etc., le maintien du *t* s'explique par une ancienne forme *pasture, paste.*

Groupes Tr, Tl

Tr: le *t* disparaît après être passé par *đ:* ordinairement *r* se redouble.

Ex: *patrem* > peđre > père;
matrem > međre > mère;
petram > pièđre > pierre;
latronem > lađron > larron;
nutrire > nođrir > nourrir;
*petronem, > peđron > perron;
*materiamen, mat'riamen > merrain.[2]

Des mots comme *patrie, patrimoine, patron,* sont des mots savants; *patrouiller* est mis pour *patouiller.*

---

1   Avoir *maille* à partir = avoir argent à partager.
2   Le groupe *tri* donne *ir* dans *repairier* (suj. *repérer*) de *repatriare;* peut-être *merrain* vient-il de **materamen* et non de **materiamen.*

Tl:[1] *t* peut s'affaiblir en *d* puis s'assimiler à *l* suivant qui s'est quelquefois vocalisé.

Ex: *Rotlandum* (pour *Rotolandum*) > *Rodlant, Rollant; spatulam* > *espadle, espalle, épaule.*

Ordinairement ce groupe passe à *tr*.

Ex: *epistolam, epis'tlam.*> epistle, épistre;
apostolum > apostle, apostre;
capitulum > chapitre;
titulum > titre.

*Vetulum, devenu **veclum*, a donné *vieil*.

T final latin après voyelle (ou devenu final en français) s'est maintenu pendant quelquetemps, jusqu'à la fin du XIe siècle; il se prononçait sans doute comme le *th* dur anglais; puis il a disparu.

Ex: *amat* > aimet, aime; *amatum* > amét, aimé; *finitum* > finit, fini; **perdutum* > perdut, perdu; *virtutem* > vertut, vertu; *bonitatem* > bontét, bonté.

Dans *sitim*, lat. vulg. *setem,* par suite d'une influence non expliquée,[2] *t* s'est transformé en *f: soif*.

T final (ou devenu final) après consonne se maintent et sonne en liaison. **Ex:** *dormit*> dort; *venit* > vient; *factum* > fait; *dictum* > dit.

T + *s* final devient *z*, qui en ancien français se prononçait *ts*.

Ex: *amatus* > amez (pron. *améts*);
natus > nez (pron. *néts*);
hostis > oz (pron. *ots*);
nostros > noz, nos.

D

D initial se maintient. *Dos, devoir, dur, dormir, douleur. D* intervocalique disparaît en passant par *đ*.

Ex: *audire* > ouir; **gaudīre* (lat. cl. *gaudere*) > jouir;

---

1. Ce groupe ne se trouve pas dans le latin classique; mais il existe au latin vulgaire, surtout dans les proparoxytons, par suite de la chute des voyelles pénultièmes: *apostolum. apostlum.*
2. Peut-être y a-t-il eu l'influence de la forme: je *boif,* de *bibo.*

sudare > suer; *denudare* > dénuer ;
videre > veoir, voir; *sedere* > seoir;
laudare > louer; **codam* > queue;
fidelem > feal (*fidele* est un mot savant), etc.

Des mots comme *crudité, nudité,* et beaucoup d'autres, dénoncent une influence savante.

Groupes Dr, Dl

Dr, d'r donne *rr* par disparition de *d* (devenu d'abord *đ*) et redoublement de *r;* mais quelquefois aussi il reste un *r* simple.

Ces différences paraissent s'expliquer par la chronologie. **Ex:** *ridere, rid're* > rire; *credere* > croire; *claudere* > clore; *cathedram* > chaiére, chaire; *quadratum* > carré; *hederam*> ierre (lierre, mis pour l'ierre).

Dl, d'l, groupe très rare, donne *dr* dans les mots suivants: *scándalum* > esclandre; *Vándalum* > Vandre (Vandale). *Modulum* a donné *modle, molle, moule.*

D devenu final disparaît, après voyelle, après s'être maintenu jusqu'à la fin du XIe siècle, avec le son de *th* anglais doux.

Ex: *nudum*> nu; *crudum* > cru;
fidem > foi; *mercedem* > merci.

Le *d* a été rétabli dans quelques mots pendant la période de la Renaissance.

Ex: *pedem* > pied (a. fr. pié), *nid, nœud,* etc.

D final d'origine germanique se trouve représenté par *f.* Germ. *bed* (all. mod. modo *Bett*) > bief. Cf. *Elbeuf, Paimbœuf* (de noms germaniques terminés en *,-bodo*), et des noms propres de personnes comme *Marbeuf* < (Marbodo).

D devenu final après consonne s'est changé en *t* au début de la langue: *grandem* > grant, *tarde* > tart; *subinde* > souvent; dans la plupart des cas la langue moderne a rétabli le *d* (mais en gardant pour certains mots le son *t* devant voyelle): *grand, tard, sourd, tourd.*

Tableau des points de formation contre le palais des groupes *ca, ce, ci, co, cu*, en réalité: *ka, ké, ki, ko, kou*, et des groupes *ga, ge, gi, go, gou*.[1]

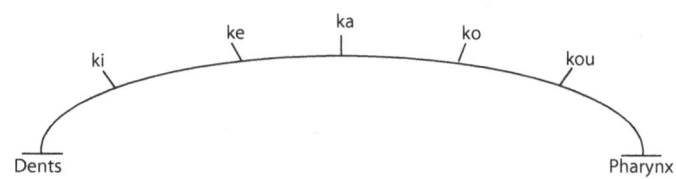

PALATALES (C,[2] G)

Groupes Cl, Cr Initiaux
Les groupes *cl, cr* initiaux se sont maintenus.

Ex: *clausum* > clos;
crudum > cru;
crucem > croix.

Il y a cependant quelques exemples d'affaiblissement, qui s'expliquent par la *phonétique syntactique*.[3] *Classicum* > glas; *crassum* > gras (influence de *gros*?); *cratt'culam* > gre-ïlle, grille.

C initial + voyelle. Ici il faut distinguer trois cas: (1° CO, CU;[4] 2° CA; 3° *ce, ci* (lat. *ke, ki*).

K dans *ki, ke* (et *kü*) est dit *prépalatal*, c'est-à-dire formé dans la partie antérieure du palais dur; *k + a* est dit *médiopalatal*; *ko, kou*, *postpalatal* (palais mou).

1° Dans les groupes *co, cu, c* reste.

---

1   *Ge* comme dans *guerre*, *gi* comme dans *guide*.
2   Prononcé *k* en latin: *kantare, kentum, konsul*, etc.
3   On appelle *phonétique syntactique* la phonétique des mots considérés non individuellement, mais comme faisant partie d'une phrase.
4   C'est-à-dire *kou*, cf. infra; *kü* devrait être placé dans le troisième groupe.

Ex: *cor* > cœur;
cotem > queux (pierre à aiguiser);
coquum > queux (cuisinier);
codam (pour *cauda*) > queue;
curam > cure;
corium > cuir.

2° *Ca*. Pour ce groupe il suffit de rappeler ici sommairement ce que nous avons dit à propos de *a*.

Le groupe *ca* initial accentué donne *ch* + *ie*, si *a* est libre: *carum* > chier; **capum* > chief; *canem* > chien; *capram* > chièvre.

Caulem donne *chou* et *causam*, chose. Ici l'*a* n'est pas pur: il y avait une diphtongue; le traitement n'a pas été le même que si l'*a* avait été pur.

Si *a* est entravé, le groupe se maintient sans changement: *cameram, cam'ram* > chambre; *cantat* > il chante; *campum* > champ.

Quand le groupe *ca* est avant l'accent, le *c* se change en *ch* (*a* passe à *e*, s'il est libre, et reste *a* s'il est entravé):¹ *cabállum* > cheval; *camísiam* > chemise; *camínum* > chemin; *carbónem* > charbon.

Le traitement de *ca* initial est un des traits qui distinguent le plus nettement la langue d'Oc de la langue d'Oïl; cependant, d'une part dans les dialectes méridionaux qui forment la frontière linguistique avec la langue d'Oïl, *c* + *a* initial passe à *ch*; par exemple en périgourdin, limousin, auvergnat, dauphinois, etc.

D'autre part deux dialectes importants de la langue d'Oïl, le normand et le picard, gardent le groupe *ca* intact: *rescaper, cantel, castel, le Cateau, Cambrai* (et non *Chambrai*), etc.

Beaucoup de mots commencent par *ca* dans le français moderne: ce maintien de *ca* s'explique par des emprunts (langues du Midi, normand, mots savants, mots anglais, allemands, etc.).

3° *C* initial suivi de *e, i* donne *s* dure, écrite ordinairement *c*.[2]

---

1 Cf. *supra*, p. 30, pour les mots traités différemment.
2 Cette transformation de *ke, ki* en *se, si* s'est produite lentement et par des changements successifs dont les principaux paraissent être, en particulier pour *ke*, les suivants: *k'e, kye, tye, tche, tse, se*; toutes ces transformations se sont produites (sauf *tse*) avant l'époque du français écrit.
    Pour la transformation de *k* devant *a* en *ch* (*che* ou *chié*) le point de départ est également la formation d'un *i* entre les deux éléments: *k'a, kya, tya* ou *tye, tcha* ou *tche*: cette dernière prononciation existait à l'époque de nos premiers textes; cf. *infra*, p. 68.

Ex: *ceram* > cire; *cinerem* > cendre; *centum* > cent; *cilium* > cil.

*Circare > a. fr. *cerchier*, fr. mod. *chercher*, par assimilation du premier phonème (*c*) au second (*ch*).

C APPUYÉ INITIAL D'UNE SYLLABE À L'INTÉRIEUR D'UN MOT

Lorsque *c* est, à l'intérieur d'un mot, précédé d'une consonne, et qu'il commence une syllabe (*per-currere*), le traitement dépend, comme quand il est initial d'un mot, de la voyelle qui le suit.

(1) Cons. + *co., cu; c* se maintient: *percurrit* > parcourt; *sarcófagum* > sarcou, sarceu, cercueil; mais *verecundiam* > vergogne, parce que le *c* s'est affaibli avant la chute de *e* qui précède. De même les suffixes *-dicum, -ticum* ont donné *je, ge*, par suite de l'affaiblissement de *c* en *g* en latin vulgaire; le *g* s'est ensuite fondu dans l'*i* qui le précédait.

Ex: **aetaticum* > eage, âge;
*coraticum > courage;
formaticum > fromage;
medicum > miège (médecin);
*pedicum > piège;
*sedicum > siège;
*silvaticum > sauvage.

(2) *C* suivi de *a* commençant une syllabe après une consonne à l'intérieur d'un mot devient *ch* ou *g*.

Ex. (a) *buc|cam* > bouche;
man'cam > manche;
pec|catum > pechiét, péché;
vac|cam > vache.
(b) *fabricare, fabr'care* > forgier;
fabricam > forge;
*carricare > chargier ;
delicatum, del'catum > delgiet (délicat).

(3) *C + e, c + i* commençant une syllabe après consonne donnent *s* dure écrite ordinairement *c*.

Ex: *rumicem > rum'cem >* ronce;
medicinam > med'cinam => mecine (*médecine,* mot savant).

C INTERVOCALIQUE

Il faut distinguer ici aussi le point d'articulation.

1° Postpalatal,

C'est-à-dire devant *o, u* (*ou*), *c* intervocalique disparaît.

(a) Avant l'accent: *secúrum>* seür, sûr; **placútum >* pleü, plu; **tacútum >* teü, tu.

(b) Après l'accent: *paucum >* pou (peu); *raucum >* rou; *focum >* fueu, feu.

2° Voyelle + ca

(a) Après *e, u, c* disparaît.
Jocat > il joue; *locat >* il loue; *advocatum >* avoué (avocat, forme savante ou méridionale).

(b) *A, e, i + c: c* passe à *yod,* qui se confond quelquefois avec la voyelle précédente (*i*).
Pacat > paie; *necare >* neier, noyer; *plecare >* pleier, ployer; *picam >* pie; **ficam>* fie (*figue* est d'origine méridionale). *Dicam >* q. je die est très régulier.

3° Voyelle + ce, ci

C se transforme en *s* (pron. *z*), en dégageant un *i* (*is*).
Placere > plaisir; *tacere >* taisir; **racīmum* (pour *racemum*) *>* raisin; *coquinam > cocinam* (pron. *cokina*) *>* cuisine.

C FINAL

C latin final devient *i* dans *fac >* fai(s); il se maintient dans *apud hoc >* avec; *per hoc >* a. fr. poruec; *sine hoc >* senuec; et tombe dans *ecce hoc >* ço, ce; *illac >* la; *ecce hac >* ça.

Devenu final dans des mots comme *vocem, nucem, crucem, vicem*, il s'est transformé en *z* après avoir dégagé un *i: voiz, noiz, croiz, foiz;* cf. encore *perdīcem* > perdiz (perdrix); ce *z* est devenu ensuite *s* et cette *s* elle-même a été remplacée dans la langue moderne par *x*, en souvenir du nominatif latin en *x* (*voix, croix, noix*, mais *fois*).

Le groupe final latin *ce*, précédé d'une consonne, donne *s* dure, marquée ordinairement par *c*. **Ex:** *pulicem, pul'cem* > puce; *pollicem, poll'cem* > pouce. Cf. cependant *onze, douze, treize,* au lieu de *once*, etc.

Quand le groupe latin *co, cum* est final, le *c* se maintient s'il était double (*beccum* > bec; *siccum* > sec) ou s'il était précédé d'une consonne: *porcum* > porc; *clericum* > clerc; *arcum* > arc; **blancum* > blanc.

Si ce groupe *co, cum* était précédé en latin d'une voyelle, le *c* se transforme en *i* après *a*, comme dans l'exemple donné plus haut *fac* > fai; *Cameracum*[1] > *Cam'racum* > Cambrai; précédé de *i*, il se transforme en *i* et se confond avec la voyelle précédente: *amicum* > ami; *spicum* > épi; précédé de *ę́* (ouvert et accentué) il se joint à la diphtongue *ie* qui provient de cet *e* (cf. supra le traitement de *ę́*); la triphtongue ainsi obtenue (*iei*) s'est réduite, dans la période pré-littéraire, à *i: nec* > ni, **preco* (lat. cl. *precor*) > pri ; *nego* > nie. Après *u* il disparaît: **festucum* (lat. cl. *festucam*) > fétu; *sambucum* > se-ü. su (sureau).

C + CONSONNE

C + *s* (représenté par *x*) donne *is*.

Ex: *axem*> ais;
coxam > cuisse;
buxum > buis;
uxorem > oissor (épouse);
maxillam > maisséle (mâchoire).

C + *t* > *it*.

---

1   La suffixe *acum* est fréquent dans les noms de lieux; on sait que précédé d'une palatale il donne *i, y;* cf. p. 21, traitement de *a*.

Ex: *factum* > fait; *dictum* > dit;
pectus > piz (poitrine); *lectum* > lit;
noctem > nuit; *octo* > huit;[1]
tructam > truite; *fructum* > fruit;
lactucam > laitue.

C + r > ir.

Ex: *facere, fac're* > faire;
dicere, dic're > dire;
lacrimam > lairme, lerme, larme.

C + l > l mouillée (marquée par *il* à la finale, ou *ill* à l'intérieur des mots).

Ex: *soliculum, solic'lum* > soleil ;
vermiculum, vermic'lum > vermeil ;
*conuculam, conuc'lam > quenouille;
auriculam, auric'lam > oreille;
*vetulum, vec'lum > vieil.

Cf. cependant un traitement différent dans *aquilam* > aigle, *ecclesiam* > église, et dans des mots comme *aveugle, spectacle, miracle, siècle, règle,* qui sont sans doute des mots savants; *seigle* (lat. vulg. *sécale*) paraît être un mot dialectal.

Quand le groupe *cl* est précédé d'une consonne, le *c* se maintient: *avunculum* > *avunc'lum* > oncle; *cooperculum, cooperc'lum* > couvercle;. *circulum, cerc'lum* > cercle.

Dans le groupe *scl,* le *c* tombe.

Ex: *masculum* > masle, mâle; **misculare* > mesler, mêler;
musculum > mousle, moule.[2]

Le groupe *qu* (pron. *kou, kw*) n'est intéressant que dans quelques mots: *coquina, equa, aqua, *sequere* (Lat. cl. *sequi*). Le traitement est obscur et chaque mot est traité pour ainsi dire différemment.

---

1   Français prélittéraire: **pieits, *lieit, *nueit, *ueit.*
2   Des mots comme *masculin, musculature* sont des mots savants.

Coquina: ce mot est devenu *cocina* (*cokina*) dans le latin vulgaire, d'où *cuisine* (où la diphtongue *ui* s'explique d'ailleurs par un emprunt aux formes du verbe *cuire*).

Aqua[1] donne *aive, éve* (cf. *évier*); ensuite *e^{a}we, eaue, eau*.

Equa (jument) devient *ive*, comme *sequere, sivre*.

Aequalem donne *égal*, par affaiblissement du *q* intervocalique en *g*.

G[2]

Initial suivi d'une consonne (*gl, gr*) *g* reste. *Grand, grain, gland, grenade*.

Initial suivi d'une voyelle: le traitement est différent suivant la voyelle.

1° Devant *o, u* (*go, gu*, c.-à-d. *gou*) *g* se maintient.

Ex: *gustare* > gouster;
*gurgam, górgam > gorge.

2° G suivi de *a, e, i* est devenu *j* (écrit souvent *g*).

Ex: *galbinum* > jaune;
*gaudiam > joie;
gallinam > jeline (poule);
gemere > geindre;
genuculum > genou.

Comme pour le groupe *ca* initial, la plupart des dialectes du midi de la France ont conservé le *g* latin du groupe *ga* initial: de même le normand et le picard. C'est à ces derniers dialectes ou à des dialectes méridionaux que sont empruntés les mots français commençant par *ga*, comme *galet, galette* (normand?); *gabelle, gabarre* (provençal); *gabion* (italien), etc.

G initial d'une syllabe après une consonne, à l'intérieur d'un mot, a suivi la même règle qu'à l'initiale.

Ex: *largam* > large; *purgare* > purger;

---

1 Devenu probablement *acqua*. La forme *aigue* est d'origine méridionale.
2 G se prononçait en latin comme *g* dans *gâteau, gui, guéret*.

vergam > verge; *Andegavum* > Anjou;
virginem > vierge; *angelum* > ange.

Mais *Burgundiam* > Bourgogne; *angustiam* > angoisse.

G Intervocalique

Le sort de *g* intervocalique dépend, comme pour le *e*, des voyelles avec lesquelles il est en contact.
 (a) Voyelle + *gu, go* : *g* disparaît.

Ex: **agurium* > eür, eur (bon-eur, mal-eur);
*agustum > aoust, août; *legumen* > leün;
Hugonem > Huon.

(b) Voyelle + *ge, gi*: *g* disparaît.

Ex: *reginam* > re-ïne, reine;
vaginam > ga-ïne, gaine;
sigillum > se-el, seau (sceau);
*faginam > fa-ïne, faîne.

(c) Voyelle + *ga*.
 (i) Après une voyelle vélaire (*o, u*) la palatale *(g)* disparaît sans laisser de trace.

Ex: *rūgam* > rue;
sanguisugam > sangsue.

Dans *rogare* > *rover* (interroger), le *v* doit s'être développé comme dans pou-ons devenu *pouvons*.

(ii) Après une autre voyelle *(a, e, i)* *g* se change en yod (*i, y*).

Ex: *legalem* > leial, loyal;
regalem > reial, royal;
legamen > leien, lien;
plagam > plaie.

G Final

G n'existait pas à la finale en latin. Quand il est devenu final en passant en français il s'est durci en *c* après une consonne: *longum* > lonc; *largum* > larc; **sanguem* (lat. cl. *sanguinem*) > sanc; germ. *ring* > ranc. L'orthographe moderne a rétabli le *g*, qui sonne *c* devant une voyelle.

Après voyelle il est traité comme intervocalique (ce qu'il était en réalité) et est devenu *i* : *regem* > roi; *legem* > loi.

G + Consonne à l'Intérieur d'un Mot

G suivi d'une consonne à l'intérieur d'un mot *(g't, g'd, gr)* se change en *i*.

Ex: *digitum, dig'tum* > doit (*doigt*, orthographe moderne); *frigidum, frig'dum* > froid; *fragrare* > flairer; *nigrum* > noir; *Ligerim, Lig'rim* > Loire.

Groupe *gn*. Ce groupe donne *n* mouillée, représentée par *gn*; à la finale cette *n* s'est asséchée dans la prononciation moderne, en nasalisant la voyelle précédente.

Ex: *pugnum* > poin(g); *signum* > sein(g) ; *plantaginem, plantag'nem* > plantain; *propaginem* > provain (fr. mod. provin).

Exemples de *gn* non final: **insigniam* > enseigne; *pugnam* > poigne; *agnellum* > agneau; **dignare* (lat. cl. *dignari*) > deignier, daigner.

Quand le groupe *gn* était suivi d'une consonne, *gn* donnait à l'intérieur d'un mot *in*. **Ex:** *dignitatem, dign'tatem*> deintiet (fr. mod. *dignité*, mot savant); *cognitam, cogn'tam* > cointe.

Groupe *ng* + voyelle. Le *g* se maintient devant *o, u* accentués: *angustiam, angóstiam* > angoisse ; *anguillam* > anguille. Devant *e* accentué *g* forme avec *n* une *n* mouillée: *plangentem* > plaignant. Après l'accent, *g* disparaît à l'infinitif des verbes en *-ángere, -ingere, plangere* > plaindre; *cingere* > ceindre.

Gl a donné *l* mouillée. **Ex:** *vigilare, vig'lare* > veiller; *coagulare, cag'lare* > cailler. *Règle* est un mot savant.

Groupe *gu*. Le traitement de ce groupe n'est intéressant que dans quelques mots d'origine germanique. Cf. *infra*, p. 61, le traitement du *w*.

A l'intérieur des mots le groupe *gu*, précédé de *n*, se maintient sous forme de *g* dur (*gu* devant *e, i*) dans les mots d'origine latine:

linguaticum > langage; *unguentum* > onguent; **sanguinum* > sanguin.

Dans *legua*, d'origine celtique, le *g* tombe et l'*u* forme avec la diphtongue provenant de *ę́* la pseudo-triphtongue *ieu*: d'où *lieue*.

Le mot d'origine germanique *tregua* a donné également *trieue;* mais *u* s'y est aussi consonifié dans la forme *trieve, trêve.*

I (J)

La prépalatale *i*[1] sera étudiée en partie à la fin du consonantisme. Ici nous ne nous occuperons que de son traitement à l'initiale, où elle devient *j* (g).

Ex: *iocum* > jeu; **iocare* > jouer;
iacere (pron. *yakẹre*) > gesir;
*iuniciam> génisse;
iuniperum > genièvre.

V, F

V et *F* persistent à l'initiale.

Ex: *vinum* > vin;
vendere > vendre;
fragilem > fraile, frêle;
*ficam > fie (figue);
ferrum > fer.

Cependant *vicem* a donné *fois* (et non *vois*) et *vervecem* berbis–brebis (On admet pour ce dernier mot que dans le latin vulgaire il était devenu déjà **berbecem,* ou plutôt **berbīcem).*

Dans d'autres mots *v* initial, par analogie avec les *mots* d'origine germanique, a donné gu, g (= *g* dur).

Ex: *vadum* > gué;
vastare > gaster;

---

[1] Prononcée en latin comme *y* dans *yeux* et non comme *j* dans *jeu.*

Vasconiam > Gascogne;
*vulpículum > goupil (renard);
vervactum > guéret;
viperam > guivre.

Intervocalique *v* subsiste devant *a, e,* i.

Ex: *avarum* > aver (avare);
vivat > vive;
bovarium > bouvier;
*lixivam > lessive.

Il disparaît devant *o, u.*

Ex: *pavorem* > paour, peour, peur;
pavonem > paon;
avunculum > oncle;
oviculas > oueilles, ouailles.

Le traitement de *f* intervocalique est obscur. En général elle disparaît.

Ex: **bifacem* > biais;
deforis > dehors;
*refusare> reüser, ruser;
*scrofellas[1] > écrouelles.

F finale s'amuït quand elle est suivie de *s.*
On disait autrefois: *uns sers, uns cers* et au cas régime *un serf, un cerf.*
Des traces de cet amuïssement sont restées dans *œuf* et *bœuf,* que l'on écrit au pluriel *œufs* et *bœufs,* mais que l'on prononce *eu* et *beu.*
Le *v* devenu final en français s'est durci en *f.*

Ex: *vivum* > vif; *captivum*> chaitif, chétif; *navem* > nef; *clavem* > clef.

Les groupes de consonnes formés avec *v* sont peu importants. Citons cependant le groupe *lvr* dans des mots comme *absolvere,*

---

1 Peut-être plutôt *scrobellas.*

absolv're > absoudre; *pulverem* > *pulv'rem* > poudre, où le *v* a disparu et où un *d* s'est intercalé. Dans les autres groupes comme *v'g, v't, v'n, v* disparaît: *navigare, nav'gare* > nager; *civitatem, civ'tatem* > cité; *juvenem, juv'nem* > jeune (au début *jeufne*).

Cf. de même pour *f* (*ph*) + *n* : **Estephanum* > Etienne; *antephonam* > antienne. Cependant *f* s'est maintenue en dissimilant *n* en *r* dans : **cofinum* > coffre.

S

S était dure (sourde) en latin. Elle l'est restée, en français, à l'initiale: *soir, sel, sœur, salut* et, à l'intérieur d'un mot, quand elle commence une syllabe: ver|ser, our|se etc.

Seuls les mots d'emprunt comme *Alsace, balsamique,* ont, dans ce dernier cas, une *s* sonore (*z*).

Intervocalique elle est devenue sonore: *chose, rose, ,pause, trésor,* etc.

S + consonne (ou *x*, c'est-à-dire *cs*, + consonne), à l'intérieur d'un mot: *s* s'est amuïe, dans la langue moderne, en allongeant la voyelle qui précède (allongement marqué ordinairement par un accent circonflexe).

Ex: *insulam* > isle, île;
elemosinam, el'mos'nam > aumosne, aumône;
fraxinum > fresne, frêne ; *asinum* > âne.

Dans les groupes *s'r, sc'r* (devenu *cs'r*) un *d* ou un *t* se sont introduits avant la chute de *s*.

Ex: *consuere* > cousdre, coudre;
*essere > estre, être;
pascere, pacs're >paistre, paître;
cognoscere, cognocsere > conoistre, connaître.

Les groupes suivants *sp, st, sc* sont plus fréquents: *s* disparaît et la voyelle s'allonge.

Ex: **crispare* > cresper, crêper;
costam > coste, côte;
gustum > goust, goût;

a(u)gustum > aoust, août;
piscare > peschier, pêcher.

De nombreux mots d'emprunt ont gardé *s* devant *p, t, c*. Ce sont des mots savants ou des mots empruntés aux langues méridionales de l'Europe.

Ex. *Bastion, bastide, suspect, suspicion, sustenter, substantif, aspérité* (cf. *âpreté*), *épiscopal* (mais *evesque, évêque*, etc.).

Groupes *sc, sp, st* à l'initiale. En latin vulgaire un *e* (*i*) était venu se placer devant *s*: on disait *estatua, escribere* ou *istatua, iscribere*, etc.

E est resté et *s* a fini par s'amuïr.

Ex: *stabulum* > estable, étable;
scalam > eschelle, échelle;
scribere > escrire, écrire;
stoppam > estoupe, étoupe;
sponsam > espouse, épouse.

Les dialectes du Midi ont conservé *s* dans ce cas-là: *escriure, estable*, etc.

Les mots commençant pas *esc, est, esp* sont nombreux en français: mais la plupart sont des mots savants ou des mots empruntés aux langues méridionales (provençal, italien, espagnol). *Escalade, estampe, espion, esprit, estomac, escargot, escalier, escarpe, esquille, estacade, estrade* (a. fr. *estrée*), etc.

L'histoire de l'amuïssement de *s* dans ces groupes est intéressante, mais compliquée. Il semble s'être produit du XIe au XIIIe siècle. L'orthographe a gardé longtemps *s* et l'Académie ne l'a supprimée que dans la 3e édition (1740) de son *Dictionnaire*.

Z

Z n'existait en latin que dans les mots empruntés au grec. *Zelosus* est traité comme si on avait écrit ou prononcé *ielosus* et a donné *jalous* (jaloux). Dans *Lázarum z* est traitée comme *s*; d'où *Lazarum* > *Laz'rum* > lasdre, ladre.

Les mots commençant par *z* en français sont empruntés au grec ou au grec latinisé (*zèle, zone, zodiaque, zoologie*) ou aux langues orientales (arabe *zénith, zéro*, etc.).

NASALES (M, N)

M initiale se maintient, sauf dans quelques mots ou elle s'est changée en *n*.

Ex: mappam > nappe;
mattam > natte;
*mespulam > nêfle.

M double à l'intérieur des mots s'était réduite à *m*; elle a été rétablie dans l'orthographe.

Ex: flammam > flame, flamme;
summam > some, somme;
gemmam > geme, gemme.

On a prononcé autrefois: *flan*-me, *son*-me, avec la première voyelle nasalisée. Cette nasalisation paraît s'être maintenue jusqu'au XVIe siècle.

Le groupe *mn, m'n* avait été traité comme *mm* et la voyelle qui précédait était aussi nasalisée. **Ex:** *feminam* > femme (a. fr. feme, prononcé *fan*-me); *hominem* > ome, pron. *on*-me; *somnum* > some, somme; *dominam* > dame; *nominare, nom'nare* > nomer, nommer.

Nm, groupe plus rare, se réduit à *m*, en allongeant la voyelle précédente. **Ex:** *animam, an'mam* > âme (au début *aneme, an-me*); *Hieronimum* > Jérôme.

Dans des mots comme *damner, condamner*, m à été rétablie par une réaction orthographique. Des mots comme *automne, calomnier, hymne, omnipotent*, etc., sont d'origine savante. *Columnam* a donné *colonne* et *colombe* (terme de métier).

Dans les groupes secondaires *m'l, m'r* un *b* s'intercale.

Ex: *insimul, insim'l* > ensemble; *humilem, hum'lem* > humble; *cumulare* > combler; **tremulare* > trembler; *numerum, num'rum*> nombre; **cameram* > chambre; *Cameracum* > Cambrai; *rememorare, remem'rare* > remembrer.

M entre deux consonnes disparaît. **Ex:** *dormis*> dors (le radical verbal *dorm*- reparaît dans *dorm-ons, dorm-ez,* etc.); *dorm(i)torium* > dortoir; *Firmitatem, Firm'tatem* > (La) Ferté; *vermis*> vers (cas sujet; cas régime *verm, ver*).

M devenue finale en français s'écrit tantôt *n,* tantôt *m.* **Ex:** *aeramen* > airain; *famem* > faim; *examen*> essaim; **racīmum* (lat. cl. *racēmum)* > raisin.

N initiale se maintient. *Nez, net, nom, nain.* Cependant [*u*]*nicornam* a donné par dissimilation *licorne* et non *nicorne.*

N à l'intérieur d'un mot, après l'accent et après les consonnes *p, f, d, t, c, g* passe à *r.*

Ex: *tympanum* > timbre;
*cofinum > coffre;
Londinos > Londres ;
diaconum > diacre;
Lingones > Langres;
pampinum > pampre.

N Intervocalique reste.

Ex: *lanam* > laine;
lunam > lune;
donare > doner;[1]
bonam > bone (bonne).

Mais il se produit une dissimilation de *n* en *l* dans les mots suivants, où deux syllabes consécutives commencent par *n.*

Ex: *Bononiam* > Boulogne;
*erphaninum> orphelin;
*gonfanonem > gonfalon.

Groupe *n'r:* un *d* s'intercale.
Ex: *venerisdiem, ven'risdiem* > vendredi; *cinerem, cin'rem*> cendre; *ponere, pon're* > pondre; *tenerum, ten'rum* > tendre; *generum* > gendre.

---

1   On prononçait *don*-ner, *bon*-ne jusqu'au XVIe siècle. La graphie avec deux *n* est due à cette prononciation.

Les parfaits *vindrent, tindrent* (3ᵉ pers. plur.) existaient encore au temps de Vaugelas.

Dans les verbes en *-ángere, -éngere (-ingere), -úngere* le groupe *ngr* est traité comme *n'r: plaindre, enfreindre, ceindre, peindre, poindre, joindre,* etc.

Les groupes *gn, ng* à l'intérieur d'un mot donnent *n* mouillée (écrite *gn*, et quelquefois *ign*).

Ex: *agnellum* > agneau; *fingentem* > feignant (écrit *fainéant* par une fausse étymologie); *plangentem* > plaignant; *jungentem* > joignant; cf. plus haut, traitement de *g*.

Pour le groupe *ni* cf. la fin du consonantisme, p. 64.

N finale d'un mot disparaît devant *s*.

Ex: *jorn* (cas régime singulier), mais *jors* (cas sujet singulier et cas régime pluriel; *diurnus, diurnos*); de même *furnum* > forn, *furnus* ou *furnos* > fors; *ivern* et *ivers*, etc.

LIQUIDES (L, R)

L initiale se maintient, sauf dans *niveau* pour *liveau* (de *libellum*).

Le groupe *l'r* intercale un *d;* il en est de même pour le groupe *lv'r* où le *v* est tombé, et d'autres groupes où *l* est en contact avec *r*.

Ex: *tollere, tol're* > toldre; *molere* > moldre, moudre; *absolvere* > absoudre; *resolvere* > résoudre. Cf. **fulgurem*> foudre.

Pour le groupe *t'l*, cf. *supra*, p. 42, au traitement de *t*. Pour **vetulum*, cf. *supra*, p. 42, au traitement de *cl*.

L mouillée: *cl, g'l, lj*, à l'intérieur d'un mot, deviennent *l* mouillée (écrite *ll* et *ill*, comme dans *fille, mouiller*).

Ex: **solic'lum* > soleil;
*somnic'lum > sommeil;
vermic'lum > vermeil;
vigilare > veiller;
paleam, paliam > paille;
maculam > maille;
filiam > fille.

L vocalisée: *l* s'est vocalisée devant consonne après *a, e, i, o;* après *u* elle disparaît (*pulicem* > puce).

Ex: *malvam* > mauve; *albarn* > aube; *altam* > haute; *talpam* > taupe; *Aldam* > Aude; *falsum* > faux; *capillos* > chevels, cheveux; *illos* > els, eux.

Les pluriels des noms en *el, al* ont été formés ainsi: *cheval + s > chevaus; chevel + s > cheveus; uels > ieus, yeux:* le signe abréviatif de *us* des manuscrits a été pris pour x et cette lettre est ainsi devenue dans les mots en *al, el,* etc., le signe du pluriel.

Cette vocalisation de *l* s'est produite aux XIe–XIIe siècles sans qu'on puisse fixer d'une manière précise la date de ce changement; mais il semble que la vocalisation était commencée, pour certains mots et dans certains dialectes, depuis le IXe siècle et qu'elle était terminée au début du XIIe. Seulement, dans l'écriture, *l* s'est maintenue alors qu'elle était déjà vocalisée.

R

R se maintient à l'initiale. Intervocalique également. Mais les cas de dissimilation de *r* en *l* ne sont pas rares.

Ex: *peregrinum* > pélerin; .
*paraveredum > palefroi;
*frigorosum > frireux, frileux.

Cf. encore: germ. *heribergam* > alberge, auberge.

R intervocalique a une tendance à passer à *z* : au XVIe siècle les dames parisiennes prononçaient *pèze, mèze* pour *père, mère.* Cf. Clément Marot, *Epitre au biau fils de Pazy.* C'est ainsi que s'expliquent les formes actuelles *besicles* (pour *bericles*) et surtout *chaise* pour *chaire < cathedram.*

Groupes *br, pr*: *r* devient quelquefois *l*, par dissimilation.

Ex: *cribrum* > crible;
Cristophorum > Cristofle;
tempora > temple (auj. la tempe).

Fr se dissimile en *fl* dans *fragrare* > flairer.

R finale s'est amuïe dans les infinitifs en *-er* et dans les mots en *-er, -ier (boucher, premier)*, excepté dans les monosyllabes: *pair, cher, hier, fier.* Elle a dû sonner régulièrement jusqu'au XVIe siècle et on sait que les rimes *mer: aimer,* appelées rimes normandes, ne sont pas rare chez Corneille.

R est aussi sujette à la métathèse. **Ex:** **berbicem* > brebis;[1] **formaticum* > fromage; *torculum, troculum* > treuil; *temperare* > tremper; **turbulare*> troubler; **adbiberare* > abevrer, abreuver.

Enfin, dans certains mots, une *r* adventice s'est introduite, sans doute sous l'influence d'une autre *r* existant déjà ou pour des raisons obscures (analogie). Les principaux exemples de ce phénomène sont: *perdicem* > perdrix; *tesaurum* > trésor; *cannabim* > chauve et chanvre; *incaustum, encaustum* > enque,[2] encre; *fundam* > fonde, fronde.

CONSONNES GERMANIQUES

L'étude du traitement des consonnes dans les mots d'origine germanique est intéressante, mais assez compliquée. Nous ne parlerons ici que de deux ou trois consonnes. D'une manière générale, elles ont été traitées commé les consonnes latines correspondantés.

Le germanique avait un phonème[3] correspondant au double *w;* en initiale il est devenu *g, gu* (déjà sans doute en latin vulgaire).

Ex: *werra* (cf. anglais *war*) > guerre; *warda* > garde; *wahta* > lat. vulg. *guacta* > gaite (masc. *guet;* dérivés *guetter, guetteur, guetapens*); *warnjan* > lat. vulg. *warnire, guarnire* > garnir ; *Wido* > Gui; *Widónem* > Guyon; *Waltári* > Gautier; *Winilónem* > Guenelon, Ganelon; cf. encore Garnier, Guérard, Guérin, Guillaume, etc.

A l'intérieur d'un mot *w* d'origine germanique est traité comme *v* dans: *sparwari* > épervier, et dans le nom propre *Hluthawig,* devenu *Clothavig, Cloevis, Clovis. Chlodowig,* lat. vulg. *Lodovicus* donne en a. fr. *Looïs,* fr. mod. *Louis.*

Enfin *w* final se vocalise en *u: blaw* (all. moderne *blau*) > bleu.

H était un signe d'aspiration dans les dialectes germaniques: elle s'est maintenue, comme signe orthographique, à l'initiale et devant voyelle, dans les mots français qui dérivent de mots germaniques

---

1 *Berbis* dans de nombreux dialectes.
2 Dans la *Vie de Saint Alexis;* l'à. fr. connaissait aussi pour dire encre le mot *airement* de *atramentum.*
3 Le mot de *phonème* désigne les sons du langage, voyelles ou consonnes.

commençant par *h* : *halsberg* > haubert, *helm* > heaume, *haga* > haie.

SEMI-VOYELLE I

Les principaux groupes où entre *i* semi-voyelle *(yod)* sont les suivants: *pi, bi, vi; ti, di, sti, si, ci, gi, li, ni.*

Pi donne *ch*.

    Ex: *sapiam*[1] > q. je sache;
           *appropiare > approchier;
           Clipiacum > Clichy.

Pigeon (au lieu de **pichon*) s'explique sans doute par un affaiblissement de *pipionem* en *pibionem* dans le latin vulgaire.

Bi, vi > *j*, écrit souvent *g*.

    Ex: *gobionem* > goujon;
           *rabiam (*rabiem*) > rage;
           rubeum, rubium > rouge;
           cambiare > changier ;
           diluvium > déluge;
           abbreviaire > abrégier;
           *sabium (au lieu de **sapius, sapiens*) > sage.

Le groupe *ti*, entre deux voyelles (*po-ti-onem*) donne *is* (= *iz*).

    Ex: *potionem* > poison;
           sationem > saison;
           rationem > raison ;
           titionem > tison (pour *tiison*);
           *minutiat > il menuise (du verbe *menuiser*);
           otiosum > oiseux;
           palatium > palais.

---

1   L'*i*, dans cet exemple et dans les suivants, est prononcé comme l'*i* français de *pieu* ou l'*y* de *yeux*.

GRAMMAIRE DE L'ANCIEN FRANÇAIS

Remarque: Les mots comme *absolution, dévotion, révolution,* etc., sont des mots savants.

Des mots comme *grâce, espace* et *négoce,* paraissent aussi des mots d'emprunt.

Justice, avarice (lat. *justitia, avaritia*) paraissent avoir subi aussi une influence savante: de même pour *richesse* (lat. vulg. **riketia*) et *franchise* (lat. vulg. **franketia*).

Lorsque le groupe *ti* est précédé d'une consonne, il donne *ss* (écrit aussi *c,* ou *z*).

Ex: **captiare* > chasser;
*directiare > dresser;
*tractiare > tracer;
nuptias > noces;
cantionem > chanson;
altiorem > alzor; cf. *forzor, gensor,* aux comparatifs (p. 81);
infantiam > enfance; suffixes en *-ance* (de *-antia*),
en *-ence, -nse* (de *-entia*).

Sti > *iss.*

Ex: *angustiam* > angoisse;
*frustiare > froisser.

Di > *i (y)* et *j* à l'initiale.

Ex: **gaudiam* > joie; *medietatem* > meitiet, moitié;
*modiolum > moyeu; *medianum* > moyen.
Initial: *diurnum* > jorn, jour;
*deusque, diusque > jusque.

Si > *is.*

Ex: **clausionem* > cloison;
mansionem, masionem > maison;
tonsionem, tosionem > toison;
basiare> baisier (baiser);
*pertusiat > il pertuise (perce).

Ki > *c* (prononcé *ts* au début).

Ex: **aciarium* > acier;
*glaciam (pour *glaciem*) > glace;
*faciam (pour *faciem*) > face;
faciam > (que je) face, fasse.

Après consonne:
lanciam > lance;
Franciam > France.

Solacium, bracchium et *lacium* (pour *laqueum*) ont donné: *soulas, bras, las* (écrit *lacs*), à l'origine *solaz, braz, laz*, c'est-à-dire *solats, brats, lats*.

Li donne *l* mouillée, *ni* donne *n* mouillée. *Ndi* aboutit aussi à *n* mouillée.

Ex: *aliorsum* > ailleurs;
mulierem > moillier (femme);
*molliare > *mouiller*;
*metalliam (pour *metalleam*) > meaille: maille;
consilium > conseil;
paleam > paille;[1]
*companionem > compagnon;
seniorem > seignor;
*balneare, *baniare > baignier;
Campaniam > Champagne;
Ispaniam > Espagne;
Burgun(d)iam > Bourgogne;
verecun(d)iam > vergogne.

Dans quelques mots où *ni* n'était pas primitif, l'*i* s'est consonifié, au lieu de mouiller la nasale.

Ex: *extraneum, extranium.* > estrange;
lineum, linium > linge;
laneum, lanium > lange.

---

1 *Oleum, olium* > huile (mot d'emprunt?).

Mi, mni > *nj, ng.*

Ex: *vindemiam* > vendange;
somniare > songier;
**dominionem* > donjon;
**dominiarium* > dangier (puissance).

SEMI-VOYELLE U (W)

Pour son traitement dans les groupes *qu, gu,* cf. *supra,* traitement du *c,* p. 49. *U* latin égale *ou* français.

En dehors de ces cas, *u* devient *v* après *d* dans des mots comme *viduam* > vedve, veuve. De même après *l* et *n*: *annualem* > anvel (*annuel* est moderne), *januarium* > janvier; *februarium* est devenu *febrarium,* en latin vulgaire: d'où février.

Au parfait des verbes (parfaits en *-ui*), *u* s'est maintenu ou a disparu; cela dépend de la voyelle du radical; cf. la conjugaison des verbes en *-re* et en *-oir.*

CHAPITRE 4

Prononciation[1]

Aux environs de l'an 1100 la prononciation des principales voyelles, diphtongues et consonnes était la suivante.

VOYELLES

A était bref et probablement ouvert.

Il y avait trois sortes d'*e*: *e* ouvert (fr. mod. è), *e* fermé (fr. mod. é) et *e* dit muet, féminin ou labial. Ces *e* sont différents l'un de l'autre et n'assonent pas ensemble.

Le premier provenait, quand il était tonique, de $\acute{e}$ (ouvert) entravé[2] du latin vulgaire: *pert, set* (sept), *bel, nouvel, fer, merle*, etc.

E fermé provenait, quand il était tonique, de ẹ (fermé) latin entravé:[3] *mes* > lat. cl. *missum*, lat. vulg. *mẹssum; sec* < *siccum*, lat. vulg. *sẹccum*, etc. *E* fermé provenait aussi de *a* latin libre: *faba* > *féve; pratum* > *pré*(t); *nasum*> *nés* (nez); *rasum* > *rés* (rez), etc.[4]

Vers le milieu du XIIe siècle cet *e* est devenu ouvert devant une consonne: d'où *messe* (prononcé *mèsse*), *fève* au lieu de *féve;* mais à la fin des mots il est resté *é* fermé: *aimé, porté, pré*, etc.

E dit muet ou féminin était toujours atone: **Ex:** protonique:[5] *gesir, ferir, veoir, seoir, perir, conquerant, fesis* (parfait de *faire,* 2 p. sg.), *desis* (de *dire*), etc. Posttonique: *marbre, temple, feve, faire*, etc.

E ouvert accentué suivi de *l* devient *é*[a] puis *eá;* on a ainsi la combinaison *eal,* puis *eau;* cf. *supra,* p. 24.

Il existait deux *o*, un *o* ouvert et un *o* fermé.

---

1   On trouvera sur ce point des renseignements abondants et sûrs dans la *Grammaire historique* de Nyrop, t. I. Nous ne consignons ici que les faits les plus importants et qui paraissent acquis: il y a encore dans ce domaine bien des points obscurs. En général nous adoptons les conclusions si précises de Gaston Paris, dans son introduction aux *Extraits de la Chanson de Roland*.

2   On sait que quand il était libre il s'était diphtongué en *ie*.

3   Libre il se diphtonguait en *ei, oi*.

4   Nyrop dit que cet *e* était très ouvert *(Gram. hist. de la langue française*, I (1re éd.), § 171,2. Il s'agit sans doute, dans sa pensée, de la période postérieure à la *Chanson de Roland*.

5   Pour les protoniques G. Paris donne la règle générale suivante: «Tout *e* protonique libre provenant d'une voyelle latine libre, dans le français du XIe siècle, est un *e*, sauf dans les mots savants.» – G. Paris, *Extraits de la Ch. de Roland*, 6e éd. (1899), p. 5.

O ouvert tonique provenait de ŏ latin entravé (dórsum > dos), du latin au (aurum> or; thesaurum > trésor; fabricam > faurgam > forge).

O fermé était prononcé comme notre o fermé et peut-être comme notre ou: mais vers 1100 la graphie est o. Il provient, à la tonique, de ō et ŭ latins. Cf. supra, p. 27.

U et i étaient prononcés comme dans la langue moderne.

DIPHTONGUES

Les diphtongues les plus importantes étaient les suivantes.

Ai, prononcée avec a (comme dans bataille) à l'origine de la langue, puis prononcée comme aujourd'hui dans fait, chaîne, faîne. Aux environs de 1100 on la prononçait déjà ainsi.

La diphtongue au se prononçait aou (et non comme aujourd'hui o).

Ei, prononcé avec e fermé, devient oi vers le milieu du XIe siècle.

Oi[1] se prononce ói au début du XIIe siècle: au XIIIe siècle il devient oé, plus tard oué, et enfin oua dans la langue moderne.

Ou[2] se prononçait óou dans des mots comme pout < potuit, sout < sapuit, out < habuit, pou < paucum, rou < raucum; dous < duos, sour < super, etc.

Ue, provenant de o ouvert, comme dans nuef < nóvem et nóvum, buef < bóvem, prueve < próbat, se prononçait üé : cette diphtongue est devenue eu (œ) à partir du XIIIe siècle.

VOYELLES NASALES

Les principales voyelles nasales sont an prononcé comme aujourd'hui, en, in et on.

En se prononçait à l'origine comme en dans moyen; mais à l'époque de la Chanson de Roland (fin du XIe siècle) en assonait avec an.

In se prononçait avec un i et non comme aujourd'hui, où nous prononçons fin comme moyen et plein avec un e. Ainsi dans la Chanson de Roland on trouve, dans la même laisse, pin, enclin, ling (lignage, origine) assonant avec merci, oubli.

---

1   On distinguait au début oi avec o ouvert de oi avec o fermé : à partir du XIIIe siècle les deux diphtongues ont donné oé.
2   Ici aussi on distinguait un o ouvert et un o fermé.

On se prononçait comme aujourd'hui. Mais de plus on avait une voyelle nasale dans des mots comme *pomme* (l'a. fr. prononçait *pon-me*), *bonne* (a. fr. *bon-ne*), *colonne* (pron. *colon-ne*), etc.

Parmi les diphtongues nasales citons: *aim, ain*, dans des mots comme *claimet, aiment,*[1] *main, compaing, fraindre, chastaigne*, mots dont l'*a* assone ordinairement avec *a*, et *ein* dans *plein, sein, seing, geindre*.

CONSONNES

Leur prononciation présente quelques différences avec la prononciation moderne. Il existait, au début de la langue, un *d* intervocalique qui avait le son du *th* anglais doux; il provenait de *d* ou *t* latins entre deux voyelles ou entre une voyelle et *r, l*: espede < *spatam;* vidrent < *viderunt;* vide < *vitam*, muder < *mutare*. Ce *d* est tombé peu après l'époque de la *Chanson de Roland*. Il devait être peu sensible au début du XIIe siècle.

L'ancienne langue avait également un *t* qui se prononçait comme *th* anglais dur, mais il n'existait qu'à la fin des mots: il *aimet, chantet, vertut, pitiét*. Ce *t* est tombé approximativement à la même époque que le *d* étudié dans le paragraphe précédent.[2]

Le son *ts* à la finale est représenté ordinairement par *z*: amez < *amatis* ou *amatus*, da même *chantez* (pron. *chantéts*), oz < *hostis* (armée), toz < *totus* (pron. *tots*); noz < *nostras* (pron. *nots*); cf. *mielz, vielz, dolz* (où *l + s* a donné *z* c'est-à-dire *ts*).

C se prononce *ts* devant *e, i* : centum > cent (pron. *tsent*), *placeat* > place (pron. *platse*), cœlum > ciel (*tsiel*), civitatem > cité (*tsitét*). L'élément dental initial ne disparaîtra qu'au cours du XIIIe siècle.

Ch se prononce *tch*: caput > chief (pron. *tchief*), carum > chier (pron. *tchier*), sapiat > sache (pron. *satche*), ricum > riche (pron. *ritche*).

G devant *e, i* et *j* devant *a, o, u* se prononcent *dj* comme dans *djinn*: diurnum > jorn (pron. *djorn*), judicare > jugier (pron. *djudjier*), jacere > gesir (pron. *djesir*), *gaudiam > joie (pron. *djóye*).

Tch et *dj* (écrits *ch, j, g*) ont fini par perdre l'élément dental et se sont prononcés *ch* et *j*: c'est la prononciation moderne, qui a commencé au XIIIe siècle.

---

1   On prononçait sans doute: *clain-met. ain-ment.*
2   On les note ordinairement ḑ (đ) et ṯ.

N mouillée est représentée par *ign* et à la finale par *ing: lineam* > ligne, mais *ling* (pron. *lign*); **montaneam* > *montaigne* (pron. *montagne*), **capitaneum* > chataigne (pron. *tchatagne*), *castaneam* > chastaigne (pron. *tchastagne*); ces mots assonent, dans la *Chanson de Roland,* avec *reflambe, chambre, France.*

L mouillée est notée par *ill* à l'intérieur des mots et *il* à la fin.

Ex: **mirabiliam* > merveillé; **soliculum* > soleil; *periculum* > peril (pron. *perilh;* cf. *Périlleux* et non *périleux*).

S se prononçait toujours à la fin des mots: *les omes;* elle était probablement douce devant un mot commençant par une voyelle (comme auj. *les hommes* = *lezóme(s)*) et dure devant un mot commençant par une consonne: *les paiens* (auj. *lé paien,* vers 1100 *lespaiens*).

S plus *l, m, n, v, b, d, f, j,* est tombée vers l'époque de la *Chanson de Roland* (deuxième moitié du XIe siècle). Devant *p, t,* l'amuïssement de *s* est postérieur. Dans l'orthographe *s* se maintient, dans ce cas, jusqu'au milieu du XVIIIe siècle.

La semi-voyelle *u,* dans les groupes *qu, gu* sonne *ou* devant *a:* germ. *warnjan* > guarnir (pron. *gouarnir*); germ. *wardan* > guarder (pron. *gouarder*); *quantum*> quant (pron. *qouant*), *quatuor* > quatre (pron. *qouatre*).

Devant les autres voyelles *u* se prononçait sans doute *u* ou ne se prononçait pas du tout: *guide, guerre* (pron. *güide, güerre?* ou comme aujourd'hui?).

Remarque: En ce qui concerne la vocalisation de *l* en *u* (*ou*) (cf. p. 59, 60), il faut admettre un *l* vélaire, c'est-à-dire prononcé avec le point d'articulation sur le palais mou; ce *l* existe encore dans plusieurs langues slaves. *L* s'est donc vocalisé en *ou* (*u* espagnol, italien) et non en *u* (*u* français).

# DEUXIÈME PARTIE
MORPHOLOGIE

CHAPITRE 5

Article, Substantifs, Adjectifs, Pronoms

L'ancienne langue avait une déclinaison à deux cas (au singulier comme au pluriel) pour l'article, les substantifs masculins, les adjectifs et participes, et les pronoms.[1] On appelle ces cas: *cas sujet* (en abrégé c. s.) et *cas régime* (c. r.).

ARTICLE

Masculin sing.	c. s.	*li*
	c. r.	*lo, le*
Pluriel.	c. s.	*li*
	c. r.	*les*
Féminin sing.	*la* (wallon et picard *le*)	
Pluriel	(*las) *les*	

Remarques: Au cas sujet masculin singulier *li* provient, par aphérèse de *il*, de *illi pour *ille*.

Au cas régime singulier *lo* se rencontre jusqu'au début du XIIe siècle: il devient *le* par suite de son emploi comme atone.

Au féminin pluriel la forme *las* n'apparaît pas.

Les principales formes combinées sont: *del*, devenu plus tard *deu* et *du* (on trouve aussi *dou*); *al*, pluriel *als*, puis, par vocalisation de *l*, *aus*, écrit *aux*; *al* du singulier est passé à *au* par analogie. *En le* devenait *enl*, *el*, plus tard *eu*, *ou*; il ne s'est pas maintenu. *En les* devient *ès*, maintenu dans quelques expressions: *bachelier ès lettres, ès sciences*, etc.

SUBSTANTIFS

Le latin avait trois genres pour le substantif: fém. *rosa*, masc. *murus*, neutre *templum;* le neutre a disparu dans le latin vulgaire où l'on

---

[1] Pour quelques pronoms il y avait même deux autres cas, datif singulier et génitif pluriel (*lui, lor*).

trouve *membrus, vestigius, folius, palatius,* au lieu de *membrum, vestigium,* etc.

Le neutre s'est maintenu, en ancien français, dans la déclinaison des adjectifs, des pronoms et des participes passés.

Les pluriels neutres latin en *-a* ont donné en général des noms féminins en français: *folia* > la feuille; *arma* l'arme; *corna* (pour *corn ua*) > la corne; *gaudia* > la joie; *labra* > la lèvre, etc.

Mots invariables – Les substantifs dont le radical latin était terminé par *s* (*mens-is urs-us, curs-us*) ou les neutres de deux syllabes terminé en *-us*, comme *tempus, corpus,* ont donné en français des substantifs monosyllabiques invariables: *temps, corps, cours, ours, mois,* etc.

Restes de cas – On rattache aux nominatifs latins les formes suivantes: *queux* < *coquus; geindre* (garçon boulanger) < *junior; chantre, peintre, maire, sire,* et quelques autres.

Il existe aussi dans l'ancienne langue quelques restes du génitif pluriel: *Christianor, Paienor* (la gent *paienor*), *Francor* (la geste *francor*), *ancienor* (la gent *ancienor*), *milsoldor* (un cheval *milsoldor*).[1] Cf. encore la *Chandeleur* < *Candelorum* (pour *Candelarum;* sous-entendu *festa*), leur < *illorum*.

DÉCLINAISON DES FÉMININS

On distingue, dans les substantifs féminins, deux déclinaisons: les cas sujets et les cas régimes sont semblables.

A

Singulier	c. s. c. r.	} *rose*
Pluriel	c. s. c. r.	} *roses*

On admet que le nominatif pluriel de la 1ʳᵉ déclinaison latine était terminé en *-as* dans le latin vulgaire: *rosas* au lieu de *rosae*, d'où la forme française *roses*.

---

[1] Un cheval de *mille sous*, lat. *mille solidorum*.

Ainsi se déclinent: *chose, dame, flamme, pomme, chambre, feuille, arme,* etc., et autres substantifs renvoyant à des noms latins en *-a*, ou à des substantifs neutres devenus féminins; cf. *supra,* p. 11, 74.

B

Sing. *flor* (*flour*)
Plur. *flors* (*flours*)

Ici non plus, comme pour *rose,* il n'y a pas lieu de distinguer les cas sujets des cas régimes.

Ainsi se déclinent *fin, doulour, coulour, gent, nef, part, mort, raison, maison, saison.* La seule question intéressante est la suivante.

Ces substantifs féminins ne paraissent pas avoir eu *s* au cas sujet du singulier, à l'origine; mais ils la prirent à partir du XIIe siècle.[1]

MASCULINS

Premières Classe

Cette classe comprend les substantifs correspondant à des substantifs masculins latins dont le nominatif singulier était terminé en *-s (us).* Ici il faut distinguer les cas sujets des cas régimes.

Singulier.   Pluriel.
c. s. *li murs*   c. s. *li mur*
c. r. *lo, le mur* c. r. *los, les murs*

Ainsi se déclinaient: *chevals, anz, sers, cers, prez.* (de **pratus* pour *Pratum*), *mals,* etc.

Se déclinaient de même les substantifs provenant de noms latins masculins terminés en *-is: canis* > *chiens, panis* > *pains,* ou de noms latins masculins terminés en *-x,* comme *rex,* qui devenu *regis* dans le latin vulgaire, a donné en a. fr. *reis.*

Enfin on déclinait sur ce modèle les mots comme *piez, lions, bues,* qui proviennent de substantifs comme **pedis, leonis, *bovis* (lat. cl. *pes, leo, bos*).

---

1   Une autre théorie veut qu'ils l'aient eue dès les débuts de la langue, comme les noms masculins dont nous allons parler: ainsi *flors* comme *mors.*

Les infinitifs pris en fonction de substantifs suivent aussi cette déclinaison: *li morirs, li repentirs*.

Les mots comme *ermites, prophètes*, quoique correspondant à des substantifs latins en *-a*, prennent *s*: *ermites, prophètes*.

Voici des exemples de ces divers cas.

Singulier, cas sujet: *li bons chevals, li bons chiens; cist chevals est chiers; cist chiens est mals* (méchant).

Singulier, cas régime: *j'aim ce bon chien; je voi un grant cheval; je manjue ce bon pain*.

Pluriel, cas sujet: *halt sont li mur et les roches dures; cist cheval sont chier; cist chien sont sage*.

Pluriel, cas régime: *j'ai veü ces mals chevals; j'ai beü cez bons vins; veez* (voyez) *cez granz murs*.

Deuxième Classe

	Singulier		Pluriel
c. s.	*li pedre* (père)	c. s.	*li pedre*
c. r.	*lo, le pedre*	c. r.	*los, les pedres*

Les substantifs de cette classe proviennent de masculins latins en *-er* de la 2ᵉ déclinaison (*culter, cultri; liber, libri; magister, magistri*) et de masculins latins en *-er*, gén. *-is*, de la 3ᵉ: *pater > pedre, frater > fredre, venter > ventre*.

De bonne heure d'ailleurs ces substantifs prennent *s* au cas sujet singulier: *li pedres, li coltres* (couteau), *li maïstres*, etc.

Le cas sujet du pluriel correspond à un pluriel en *i* du latin vulgaire: *patri* (analogie de *muri*) au lieu de *patres*.

IMPARISYLLABIQUES

Ces substantifs correspondent des substantifs latins de la 3ᵉ déclinaison, dans lesquels l'accent n'était pas sur la même syllabe aux cas sujets et aux cas régimes: ex. *imperátor, imperatórem; présbiter, presbíterum; ínfans, infántem; ábbas, abbátis; cantátor, cantatóris*, etc.

	Singulier		Pluriel
c. s.	*ll'emperédre*	c. s.	*li emperedór*
c. r.	*l'emperedór*	c. r.	*lLos, les ernperedórs*

	Singulier.		Pluriel.
c. s.	l'ancéstre	c. s.	li ancessór
c. r.	l'ancessór	c. r.	los, les ancessórs

Sing. {	emperédre	correspond à	*imperátor*
	emperedór	correspond à	*imperatórem*
Plur. {	emperedór	correspond à	**imperatóri*
	emperedórs	correspond à	*imperatóres.*
Sing. {	ancéstre	correspond à	**antecéssor*
	ancessór	correspond à	*antecessórem*
Plur. {	ancessór	correspond à	*antecessóri*
	ancessórs	correspond à	**antecessóres*

Ainsi se déclinent, avec changement d'accent:

c. s.		c. r.	
	compáing		compagnón
	énfes		enfánt
	ábes		abét (abbé)
	nes, nies		nevót (neveu)
	préstre		prevéire, prevoire
	pástre		pastóur (pasteur)
	síre		segnóur (seigneur)
	gars		garsón

Le mot *sóror* a donné au cas sujet *suer*, auj. *sœur*, et au cas régime singulier *seróur* < *sorórem*. Pluriel: *seróurs*.

Un très petit nombre de noms communs féminins, comme *none*, ont un cas oblique *nonain*, dont l'origine est obscure. Pluriel: *nonains*. Cf. encore *-ante*, *antain* (tante).

Beaucoup de noms propres de femmes ont aussi cette terminaison en *ain*: Eve, Evain, Pinte, Pintain (nom de poule dans le *Roman de Renart*); Berte, Bertain, etc. Il y a aussi dans cette classe quelques noms de rivières.

Un certain nombre de noms propres masculins présentent un cas oblique en *-on* dont l'origine est aussi obscure que celle des noms féminins en *-ain*.

Ex: Aymes, *Aimon.*
Charles, *Charlon.*
Gui, *Guion.*
Hugues, *Hugon, Huon.*
Pierre, *Pierron.*

On a expliqué cette terminaison par un emprunt à la déclinaison germanique, où se rencontrent des accusatifs semblables à ceux-là: *Húgo, Húgun;* mais l'accentuation est différente (a. fr. *Húgues, Hugón*).

Peut-être vaut-il mieux y voir un emprunt à une déclinaison mixte latine, mélange de la déclinaison en *-ius,* comme *Mucius,* et en *-io,* comme *Pollionem*: d'où la déclinaison: *Mucius – Mucionem* (Mousson).[1]

Quant aux noms propres féminins, il a existé en latin vulgaire une déclinaison en *a, anis: Valeria, Valeriánis, Valeriánem;* on trouve dans des textes du VIIe–VIIIe siècles des formes comme *Maria, Mariánis; Elia, Eliánis;* da là viendraient les formes en *-ain.*[2]

On a fait entrer dans cette déclinaison les noms propres germaniques féminins en *a,* comme *Berta – Bertain.*

CHANGEMENTS PHONÉTIQUES

La présence de *s,* au cas sujet du singulier, ou au cas régime du pluriel, a amené dans certains mots un changement de la consonne finale du radical. Les exemples les plus connus de ce changement sont les suivants: nous rappelons ici quelques faits qui ont été traités en partie dans la Phonétique.

F disparaît: *cervus > cer(f)s, cers;* mais *cerf* au cas régime singulier. De même *servus > sers, nervus > ners,* mais *serf, nerf* au cas régime singulier ou au cas sujet pluriel. *Ovum + s* donne *ues* (pour *uefs*), cas régime *uef,* plus tard *œuf; bovis* (pour *bos*) donne au cas sujet *bues,* cas régime *buef,* plus tard *bœuf.* Le cas sujet pluriel est de même *uef, buef.*

T se combinait avec *s* pour donner *z* : *portus > porz. N + s* donne *nz: annus >* anz; *l + s* donne *lz* : *gentilis > gentilz, filius> filz.*

---

1 Cf. G. Paris, *Romania.* XXIII, 321; Philippon, *Romania,* 1902, p. 201.
2 On trouve aussi, dans les textes de la même époque, *nonnanés,* nonnains.

GRAMMAIRE DE L'ANCIEN FRANÇAIS

La présence de *s* dans les substantifs dont le radical était terminé par *l* a amené, au XIIe siècle, la vocalisation de *l*: *chevals* est devenu *chevaus*, *chevels* (< *capillus*) est devenu *cheveus*, *mals* > *maus*, etc. Dans les manuscrits cette finale *us* était représentée par un sigle qui ressemblait à *x*: on écrivait *chevax*, qui correspondait à *chevaus*; dans la transcription on a ajouté *x* (qui déjà représentait *us*) à l'*u* représentant *l* vocalisée et on a eu au pluriel la forme moderne hybride *chevaux, cheveux, travaux*, etc.

Au XIIIe siècle, *chevals, chevaus*, représentait aussi bien le cas sujet singulier que le cas pluriel régime.

Dans *cheveu* et dans quelques autres mots, comme *chou, genou*, où *l* a été vocalisée à la suite de l'addition de *s*, *u* est resté après la disparition de *s*. Ainsi sur *chevels, cheveus* (c. s. singulier ou c. r. pluriel) on a formé *cheveu*; sur *genols–genous* on a formé *genou*.

MAINTIEN DE CAS RÉGIME

D'une manière générale c'est le cas régime qui a persisté dans la langue française: la déclinaison à deux cas s'est perdue de bonne heure.

A la fin du XIIIe siècle les cas régimes se substituent aux cas sujets et à la fin du XIVe siècle ce processus est terminé.

Parmi les imparisyllabiques, quelques-uns se sont maintenus au cas sujet et au cas régime: *sire* et *seigneur*; *pâtre* et *pasteur* (mot savant plutôt); *maire, majeur*; *copain, compagnon*.

Pour les restes du cas sujet, cf. *supra*, p. 73–76.

ADJECTIFS

On distingue deux classes dans les adjectifs: la première correspondant aux adjectifs latins terminés en *-us, -a, -um*, l'autre correspondant aux adjectifs en *-is*.

Dans la première catégorie les formes du féminin et du masculin suivent respectivement la déclinaison des noms masculins et féminins: fém. *bone*, masc. *bons*.

Le neutre se maintient quelque temps, au singulier et se reconnaît à l'absence de *s*: *bon, cler*.

PREMIÈRE CLASSE

Singulier

	m.	f.	n.
c. s.	*bons*	*bone*	*bon*
c. r.	*bon*	*bone*	*bon*

Pluriel

c. s.	*bon*	*bones*
c. r.	*bons*	*bones*

Ainsi se déclinent les adjectifs provenant d'adjectifs latins en *-us, a, um*, les participes passés et les adjectifs non dérivés du latin : *bons, mals; blancs, francs; amez, chantez* (< *amatus, cantatus*), etc.

Les adjectifs provenant d'adjectifs latins en *-er, ri* (comme *asper, asperi*), ne prennent pas au début *s* flexionnelle au cas sujet masculin singulier.

Singulier

	m.	f.	n.
c. s.	*aspre*	*aspre*	*aspre*
c. r.	*aspre*	*aspre*	*aspre*

Pluriel

c. s.	*aspre*	*aspres*
c. r.	*aspres*	*aspres*

Ainsi se déclinait *altre* (et même *pauvre*, qui n'appartenait pas en latin à la même déclinaison).

Mais de bonne heure ces adjectifs prennent par analogie *s* flexionnelle au cas sujet singulier: *aspres, pauvres, altres*.

DEUXIÈME CLASSE

Singulier

	m.	f.	n.
c. s.	*granz*	*grant*	*grant*
c. r.	*grant*	*grant*	*grant*

	Pluriel	
	m.	f.
c. s.	grant	granz
c. r.	granz	granz

Ainsi se déclinent: *forz* (< *fortis*), *verz* (< *viridis*), *mortels, tels, quels; leials, reials;* et surtout les participes présents; *amanz, chantanz, portanz, vaillanz,* etc.

On disait donc: *uns granz chevalz,* mais *une grant femme, grant route; uns chevalz bien portanz,* mais *une femme plorant,* et, au pluriel, *des femmes ploranz, vaillanz* (cas sujet et cas régime), etc.

Ce qui frappe le plus dans cette deuxième classe d'adjectifs c'est la forme féminine sans *e: grant*: on disait *grant femme, femme fort, tel femme, tel terre, terre royal, terre fort,* etc.

Mais de très bonne heure les formes féminines prirent *e*: on trouve déjà *grande* dans la *Vie de Saint Alexis* (ann. 1040); *forte* existe au XIIe siècle; *verte* se trouve dans la *Chanson de Roland*. En général cependant les formes féminines sans *e* se sont maintenues pendant la période du moyen-français (XIVe–XVe s.) Au XVIe siècle il ne restait de cet ancien usage[1] que quelques traces qui se sont maintenues jusqu'à nos jours.

Ainsi : *grand mère, grand route, grand messe, grant garde;* noms propres: *Rochefort, Grandmaison;* au XVIIIe s., *lettres royaux; fonts baptismaux.* Enfin les adverbes en *ment* se rattachent à des formes anciennes: *constamment* renvoie à *constant ment, prudemment* à *prudent ment;* des formes comme *fortement* étaient au moyen âge *forment* < *fort ment*). Cf. plus loin la formation des adverbes.

DEGRÉS DE COMPARAISON

Comparatifs

La langue française étant analytique le comparatif est formé avec un adverbe, *plus* (l'ancien français a aussi connu le comparatif avec *mais;* mais il est beaucoup plus rare).[2]

Les comparatifs organiques d'origine latine sont rares. Voici les principaux, au cas sujet et au cas régime.

---

1 Ainsi que des formes féminines en -*ans* des participes présents au pluriel.
2 Meyer-Lübke, *Grammaire des langues romanes,* III, § 65.

Grandior > *graindre;* c. r. *graignor.*
Melior > *mieldre, mieudre;* c. r. *meillór* (puis *meillour, meilleur*). Neutre: *mielz, mieus, mieux.*
Minor > *mendre;* c. r. *menor.* Neutre: *meins, moins;* d'où *moindre,* au lieu de *mendre,* par analogie.
Pejor > *pire;* c. r. *pejor.* Neutre: *pis.*

Pour les formes suivantes on ne rencontre que le cal régime: *halzor* < *altiorem; sordeior* < *sordidiorem; forçor* < *fortiorem; bellazor, gensor.*

Les comparatifs se déclinent comme les noms de la déclinaison imparisyllabique.

Singulier
m. et f.

c. s.	*miéldre*
c. r.	*meillor*

Pluriel

	m.	f.
c. s.	*meillór*	*meillórs*
c. r.	*meillórs*	*meillórs*

Superlatifs

Ils sont formés avec la particule *tres,* dérivée du latin *trans* (*tras* en latin vulgaire).[1]

Il y a quelques exemples de superlatifs organiques: *pesmes* < *pessimus; proismes* < *proximus; mermes* < *minimus; maisme* < *maximus* (dans *maismement* < *maxima mente*).

Les formes en *-isme* sont des formes savante: *altisme, fortisme.* Les formes en *-issime* ont été empruntées au XVIe siècle à l'Italie: *fourbissime.*

---

1 Sur l'emploi de *par,* avec un sens de superlatif, cf. *infra* le chapitre des verbes.

ADJECTIFS NUMÉRAUX

Cardinaux

Masc. singulier: *uns, un;* pluriel: *un, uns.*[1] Féminin: *une;* plur.: *unes.*

Deux:	c. s.	*doi, dui*
	c. r.	*dous, deus*

Ces formes représentent les formes latines **dui* (pour *duo*) et *duos;* pour le féminin on emploie *dous* au cas régime et aussi au cas sujet.

Avec *ambo* (les deux) on a les formes suivantes:

c. s.	*andoi, andui*
c. r.	*ansdous, ansdeus*

Les représentants de *tres* se déclinent comme *granz.*

	m.	f.
c. s.	*trei*	*treis*
c. r.	*treis*	*treis*

Parmi les autres noms de nombre cardinaux nous citerons les formes des dizaines : *septante, uitante* ou *octante, nonante,* qui ont disparu de la langue littéraire: *septante* et *nonante* survivent dans la plupart des dialectes.

Vint (vingt) et *cent* étaient invariables quand ils étaient employés seuls (*vint ome, cent ome*).

Mais quand ils étaient précédés d'un autre chiffre (*quatre vints, quatre cents*) ils avaient un cas sujet et un cas régime, un masculin et un féminin.

	m.	f.
c. s.	*vint, cent*	*vinz, cenz*
c. r.	*vinz, cenz*	*vinz, cenz*

L'ancienne langue employait souvent des multiples de *vint*: *Six vint, quinze vint.*

---

[1] Le pluriel, de *un* s'emploie avec des mots qui n'ont pas de singulier, ou avec des mots désignant des objets qui vont par paire; cf la Syntaxe, p. 170.

Ordinaux

Les plus anciens ordinaux (du moins pour la première dizaine) représentent des formes latines: *prims* et *premiers, secons* (semi-savant ; a. fr. simplement *altre*), *terz, quarz, quinz* (fém. *terce, tierce; quarte; quinte*), *sistes, sedmes, dismes,* et, par analogie, *oidmes, uitmes,* et *nuefmes.* Telles sont les plus anciennes formes.

Les formes en *-iesme, -isme, -ime* ne se rencontrent que dans la deuxième partie du XIIe siècle. *Deuxième, troisième, quatrième* sont les dernières à apparaître; on les rattache à une forme dialectale *diesme* de *decimum*.[1]

Les Multiplicatifs (*double, triple,* etc.) et les collectifs (*dizaine, centaine*) présentent au point de vue de leur formation peu de difficultés.

PRONOMS

Pronoms Personnels

La déclinaison s'est mieux maintenue dans les pronoms que dans les noms: outre le nominatif et l'accusatif, on a encore des formes du datif singulier et du génitif pluriel, ainsi que des neutres.

Il faut distinguer, dans les pronoms personnels, les formes toniques et les formes atones.

Première Personne
Singulier

	Tonique	Atone
c. s.	*jo*	*je*
c. r.	*mei, moi*	*me*

Pluriel

c. s.	*nos, nous*	*nos, nous*
c. r.	*nos, nous*	*nos, nous*

Deuxième Personne
Singulier

	Tonique	Atone
c. s.	*tu*	*tu*
c. r.	*tei, toi*	*te*

---

1 P. Marchot, *La numération ordinale en a. fr.* (*Zeits.* für rom. *Phil.*, XXI, 102).

Pluriel

c. s.	*vos, vous*	*vos, vous*
c. r.	*vos, vous*	*vos, vous*

Ego a donné *eo, io, jo, je,* ou mieux *ieo, io, jo, je.* On avait aussi une forme accentuée: *gié.*

Troisième Personne
Formes Toniques

Singulier

	masc.	fém.	neutre
c. s.	*il*	*ele*	*el*
c. r.	*lui* *lui*	*li* *li*	

Pluriel

	masc.	fém.
c. s.	*il*	*eles*
c. r.	*lor, lour* *els, eus*	*lor, lour* *eles*

Remarques: *il* provient du latin *ille,* devenu *illi,* sous l'influence de *qui.*

Le datif *lui* vient du latin vulgaire **illui,* avec aphérèse de *il* ([*il*]*lui*).

Au pluriel *lor, lour, leur* proviennent de *illorum,* qui a supplanté aussi *illarum* au féminin.

Le datif féminin *li* paraît renvoyer non pas à *illi,* mais à **illaei, illei* (prov. *liei,* ital. *lei*).

Le pluriel *il* dure jusqu'à la fin du XIIIe siècle; à cette époque il prend *s* comme les noms.

Troisième Personne
Formes atones

	masc.	fém.	neutre
		Singulier	
c. s.	(*il*)	(*ele*)	(*el*)

c. r.	*li* (m. et f.)		
	lo, le	*la*	*lo, le*
		Pluriel	
c. s.	(*il*)	(*eles*)	
c. r.	*lor, lour*	*lor, lour*	
	les	*les*	

Les cas sujets sont les mêmes que ceux des formes toniques.

Pronom Réfléchi

Tonique	Atone
sei, soi	*se*

Les formes atones *me, te, se, lo, le*, peuvent s'appuyer sur les mots qui précèdent et perdre leur voyelle finale. Cet usage disparaît au XIVe siècle. La forme *les*, quand elle est appuyée, perd les deux premières lettres.

Voici quelques exemples de ces formes: *Nes = ne les; ses = se les, si les; jos = jo les; quel = que le; jat verra = ja te verra; sis = si se; nel dire = ne le dire*, etc.

PRONOMS ADJECTIFS POSSESSIFS

Il faut distinguer encore ici deux catégories de formes: *toniques* ou *accentuées* et *non accentuées* ou *atones*.

Formes Toniques
Masculin
Singulier

c. s.	*miens*	*tuens*	*suens*
c. r.	*mien*	*tuen*	*suen*

Pluriel

c. s.	*mien*	*tuen*	*sum*
c. r.	*miens*	*tuens*	*suens*

On admet que la forme *mien* provient d'un accusatif latin comme *meom* (*meon* dans les *Serments de Strasbourg*, 842), *mie-en*, *mien*. *Tuen*, *suen* représenteraient de même *tuom*, *suom*. Depuis le XIIIe siècle on a *tien*, *sien*, par analogie de *mien*.

Fémin
Singulier
c. s. et c. r. *meie* (puis *moie*)   tọe   sọe

Pluriel
c. s. et c. r. *meies*   tọes   sọes

Neutre Singulier
mien   tuen   suen

Remarque: *Meie* provient de *mẹa* (avec *e* fermé) au lieu de *mẹa* (avec *e* ouvert); *tọe*, *sọe* proviennent de *tua*, *sua*, en latin vulgaire *tọa*, *sọa*. *Mienne*, *tienne*, *sienne*, formes refaites sur le masculin, apparaissent au XIIIe siècle et triomphent au XIVe. On trouve aussi *toie*, *soie* analogiques de *moie*.

FORMES ATONES

Masculin
Singulier

c. s.	mes	tes	ses
c. r.	mon	ton	son

Pluriel

c. s.	mi	ti	si
c. r.	mes	tes	ses

Féminin
Singulier
ma   ta   sa

Pluriel
mes   tes   ses

Les formes latines employées comme proclitiques avaient perdu dès le latin vulgaire la voyelle en hiatus: *mea* > *ma*; *meum*, *meon* > *mon*; *meos* > *mos*.

Meus (puis *meos* en latin vuigaire) est devenu *mos*; il est ensuite passé en français à *mes*; *tes*, *ses* sont analogiques, à moins qu'ils ne proviennent eux aussi de *tuos*, *suos* mis pour *tuus*, *suus* et devenus *tos*, *sos* en latin vulgaire.

Au pluriel le latin *mei* est devenu *mi*; *tui* et *sui*, par analogie de *mei* > *mi*, sont devenus *ti* et *si*.

Comme pour les substantifs, la forme du cas régime, *mon*, *ton*, *son*, a triomphé au masculin, et ces formes ont même fini par être employées devant les noms féminins commençant par une voyelle: *mon âme*, *mon amie*; autrefois: *m'âme* (= *ma âme*), *m'amie*, *m'amour*, etc. Cet usage a commencé avant le XIVe ·siècle.

PRONOMS POSSESSIFS DU PLURIEL

Ils sont adjectifs ou pronoms. Il faut distinguer encore ici les formes *toniques* et les formes *atones*.

FORMES TONIQUES

Masculin
Singulier

c. s. et c. r.	nostre	vostre	lor, lour

Pluriel

c. s.	nostre	vostre	lor, lour
c. r.	nostres	vostres	lor, lour

Féminin
Singulier

nostre	vostre	lor, lour

Pluriel

nostres	vostres	lor, lour

Vester était devenu *voster* dans le latin vulgaire. *Illorum* est devenu *lor* par aphérèse de *il* et chute des deux lettres finales; *lor* sert pour le masculin et pour le féminin. Il ne prend *s* qu'à la fin du XIIIe siècle, par analogie des substantifs.

FORMES ATONE

Masculin
Singulier

	nostre	vostre	lor, lour

Pluriel

c. s.	nostre	vostre
c. r.	noz	voz

Féminin
Singulier

	nostre	vostre	lor, lour

Pluriel

noz	voz	lor, lour

Nostros a donné **nosts, noz*, plus tard *nos*. De même *vostros* (**vosts, voz, vos*).[1]

PRONOMS DÉMONSTRATIFS

Ils sont formés de *iste* et de *ille*, précédés de l'adverbe *ecce*. Quelques-uns sont aussi formés avec *hoc*.

1° Composé de Ille
Singulier

		masc.	fém.	neutre
	c. s.	icil, cil	icele, cele	icel, cel
cas reg. {	dat.	icelui, celui	icelei, celei	
	acc.	icel, cel	icele, cele	icel, cel

---

1 On trouve quelquefois *noz, voz* employés comme formes toniques: *tu n'est mie des noz* (= tu n'est pas des nôtres); *veant tous les voz* (= à la vue de tous les vôtres).

	Pluriel	
c. s.	*icil, cil*	*iceles, celes*
c. r.	*cels, ceus*	*iceles, celes*

Icil (c. s. masc. singulier) renvoie à *ecce illī* pour *ecce ille*; *celei* (fém. sing. datif) renvoie à *ecce *illaei*. *Ceus* est devenu *ceux* par confusion de la finale *us* avec *x;* cf. p. 79.

Celor a existé aussi, mais cette forme est très rare.

2° Composé de Iste
Singulier

		masc.	fém.	neutre
	c. s.	*icist, cist*	*iceste, ceste*	*icest, cest*
cas reg. {	dat.	*cestui*	*cestei*	
	acc.	*cest*	*ceste*	*cest*

Pluriel

c. s.	*cist*	[*icestes*] *cez*
c. r.	*cez*	[*icestes*] *cez*

Remarques: Toutes ces formes se trouvent avec *i* prothétique ou sans *i*, comme les composés de *ecce ille* (*icil, icist* et *cil, cist*).

Çist renvoie à *ecce istī* non à *ecce iste*, qui aurait donné *cest*: l'*i* long final a transformé *i* bref de *iste* (*ęste* en latin vulgaire) en *i;* cf. *cil, icil*.

Au pluriel le féminin *cestes, icestes* est très rare: *cez* est un emprunt au masculin (*ecce istos, eccestos > cests, cez; z = sts*), à moins qu'il ne représente un affaiblissement de *cestes* dû à son emploi comme atone.

Cest (cas régime masc. sing.) se réduit de bonne heure à *cet*, qui s'est maintenu devant les voyelles; mais le *t* est tombé de bonne heure devant une consonne : *ce jorn*.

Cestui devenu *cetui* (avec *ci, cetui-ci*) a survécu jusqu'au XVIIe siècle.

Celui est toujours vivant.

3° Composés de Hoc

Ecce hoc > *ço, ce.* Cf. *ce-ci* devenu *ceci* et *ce la, cela.*

Hoc en composition a donné des prépositions et des adverbes: *apu(d) hǫc, abhǫc* > *avuec, avec* (*avecque, avecques*).

Per hoc (*per* sous l'influence de *pro* devient *por*), *porhoc* > *poruec,* pour cela; *neporuec,* cependant.

Sine hoc > *senuec,* sans cela.

On trouve encore *hoc* dans la particule affirmative: *o je, o tu, o il. Oïl* est devenu progressivement *oui.* Cf. le chapitre sur l'affirmation et la négation, *infra,* p. 130.

Pronoms Relatifs et Interrogatifs

	masc. et fém.	neutre	
		tonique	atone
Pronom relatif c. s.	qui	quei, quoi	que
c. r.	cui / que		

Qui a remplacé en latin vulgaire le féminin *quae*. Le neutre du latin vulgaire était *quid,* c'est-à-dire *quęd,* non *quod. Qued,* avec maintien de *d,* se rencontre dans les plus anciens textes français.

Le pronom interrogatif masculin et féminin est le même que le pronom relatif, avec la différence que le cas régime direct est *qui* et non *que: qui* voyez-vous?

Quels interrogatif se décline comme *granz, forz*; cf. p. 80. De même son corrélatif *tels*. On sait qu'avec l'article *quel* peut être interrogatif ou relatif: *lequel.*

INDÉFINIS

Pronoms et Adjectifs

Quelques indéfinis avaient conservé, comme les autres pronoms, des formes du cas régime indirect: *autrui, uului, aucunui*: la première de ces formes a seule subsisté.

Les principaux indéfinis sont (parmi les composés de *unus*): *alcuns* < *aliqunus* (pour *aliquis unus*). Il se décline comme les adjectifs de la 1re classe. Conformément à son étymologie il a un sens affirmatif. Il n'a pris un sens négatif que dans la langue moderne, par suite de son emploi dans des phrases négatives; cf. la Syntaxe, p. 135.

Kata,[1] *unum* > *chaün*. *Chascun, chacun* provient de cette dernière forme influencée par *quisque unum, cesqun*.

Nec unus donne *neguns; ne ipse unus* > *nesuns*.

Tantus, tanta, tantum a donné *tanz, tante, tant,* même déclinaison que *bons, mals*. *Tant... quant* = *tanti quanti;* féminin pluriel *tantes quantes*. *Aliquanti* donne *alquant;* on trouve souvent la formule *li alquant et li plusor*. Cf. encore *autant, autretant*.

Plusor renvoie à une forme barbare **plusiori, *plusori* (au lieu de **pluriores*, venant de *plures*).

Talis > *tels;* cf. supra *qualis*. Composés: *altretels, itels*.

Alter> *altre, altrui*. Le neutre latin *alid* (pour *aliud*) devenue *ali(d)*, ou peut-être *ale*, a donné *el*.

Maint est d'origine incertaine (germ. *manch?*).

Multi donne> *malt, mout; multos* > *moltz, mouts; multas* > *moltes, moutes*.

*Metipsimus, formé de la particule *met* et d'un superlatif barbare de *ipse*, a donné *medesme, meesme, même*.

On vient de *homo* (dans certains dialectes *uen, uan, an;* cf. Molière, *Femmes Savantes*, acte II, sc. 5).

Pour *totus* ou plutôt *tŏttus*, avec redoublemement de la consonne intérieure, on a les formes suivantes:

	Singulier	
	masc.	fém.
c. s.	toz	tote
c. r.	tot	tote
	Pluriel	
c. s.	tuit	totes
c. r.	toz, tous	totes

On explique *tuit* par une forme comme **tŏttī* (venant de *tot toti*) dans laquelle l'*i* final aurait amené la diphtongaison de l'*o* en *ui*. Le neutre singulier est *tot*.

---

1   *Kata* est une préposition grecque qui peut avoir un sens distributif: μόνος κατὰ μόνον = *unus per unum,* un par un.

Pronoms Dérivés d'Adverbes

Il en existe plusieurs en français: *en* qui vient de *inde* (et qui était au début de la langue *ent*) et i (auj. *y*), de *ibi*.

Il faut y ajouter le pronom relatif *dont,* qui provient de *de unde* devenu en latin vulgaire *dunde,* et *ou* (auj. *où*), de *ubi*.

CHAPITRE 6

Conjugaison

La langue française étant, comme les autres langues romanes, une langue analytique, a mieux distingué que ne le faisait le latin les éléments de la pensée.

Ainsi pour le passif le latin se contentait de la forme *amor, cantor*: le français dit: *je suis aimé, chanté*, etc.

Là où le latin disait *amavi, amaveram*, le français, employant une formule analytique, dit: *j'ai aimé, j'avais aimé*, et ainsi de suite pour les temps composés ou surcomposés. Le passé est marqué par le participe: la personne, le nombre et le temps sont marqués par l'auxiliaire.

Le futur roman est remarquable par sa formation. On disait, en latin vulgaire: *habeo amare, habeo cantare* avec le sens de : *j'ai à chanter, je chanterai*. On a dit ensuite: *amare habeo, cantare habeo*, d'où *j'aimer-ai, je chanter-ai*.

La formation du conditionnel est de même nature: seulement ici l'auxiliaire est à l'imparfait: *cantare habebam, amare habebam > j'aimer[av]ais, je chanter[av]ais*.[1]

Au subjonctif l'imparfait a été formé du plus-que-parfait-latin: *amavissem*, devenu *amassem*, que *j'aimasse; cantavissem > cantassem*, que je chantasse.

L'ancien français avait un gérondif, qui se confondait souvent avec le participe présent, mais qui s'en distinguait en ce qu'il était invariable: *je vais chantant*.

DIVISION DE CONJUGAISONS

On divise les conjugaisons en conjugaisons *vivantes* et en conjugaisons *mortes* ou *archaïques*.

Les premières sont: la conjugaison en *-er* et la conjugaison en *-ir* inchoative.

La conjugaison en *-ir* non inchoative, les conjugaisons en *-oir* et en *-re* forment les conjugaisons archaïques.

Les conjugaisons vivantes offrent des paradigmes réguliers, applicables à tous les verbes de la même conjugaison. Les

---

1   Cf. plus loin (p. 93) des explications plus détaillées.

conjugaisons mortes forment une série de conjugaisons, avec des différences très sensibles d'un groupe de verbes à l'autre.

Aujourd'hui la conjugaison en -er est la seule vivante. Elle comprend la plus grande partie des verbes. Ces verbes proviennent de verbes latins en -are, ont été formés avec des noms ou sont d'origine savante (comme *rédiger, colliger, affliger, appréhender*, etc.).

La conjugaison en -ir inchoative comprend des verbes provenant de verbes latins en -ire et des verbes formés avec des adjectifs: *riche, enrichir; pâle, pâlir; rouge, rougir; sage, assagir*, etc. Il y a aussi un assez grand nombre de verbes provenant du germanique: *choisir, rôtir, saisir, fourbir, fournir*, etc.

La conjugaison en -oir comprend des verbes provenant des verbes latins en -ire; la conjugaison en -re des verbes provenant de verbes latins en -ére, c'est-à-dire accentués à l'infinitif sur l'antépénultième ou troisième syllabe en partant de la fin du mot.

Plusieurs verbes avaient changé de conjugaison en latin vulgaire: *sápĕre* devenu *sapére* a donné *savoir*; *cádĕre* devenu *cadére* a donné *cheoir, choir*. Les infinitifs comme *velle, posse* étaient devenus *vólere, potére*, d'où *vouloir* et *pouvoir*.

RÔLE DE L'ACCENT

Il faut distinguer dans les conjugaisons les formes accentuées sur le radical des formes accentuées sur les terminaisons.

Aux formes accentuées sur le radical (présent de l'indicatif et du subjonctif, 1, 2, 3 p. sg., 3 p. pl.; impératif, 2 p. sg.) peuvent se produire des changements dus aux lois de la phonétique. Ainsi o ouvert (ŏ, ǫ) se diphtongue en *ue* sous l'accent et ne se diphtongue pas en dehors de l'accent. On a ainsi, pour *trouver*, que l'on rattache à un *trópo hypothétique, les formes suivantes:

	au début:	plus tard:
Trópo	je *truef,*	*treuve*
Trópas	tu *trueves,*	*treuves*
Trópat	il *trueve,*	*treuve*
Tropámus	n. *trovóns,*	*trouvons*
Tropatis	v. *trovéz,*	*trouvez*
Trópant	il *truevent,*	*treuvent*

Au subjonctif présent: q. je *trueve,* q. n. *trovóns.*

Voici d'autres exemples où les règles phonétiques sont appliquées.

J' *aim*[1]	n. *amons*
tu *aimes*	v. *amez*
il *aime(t)*	il *aiment*

Je *sai*	n. *savons*
tu *ses*	v. *savez*
il *set*	il *sevent*

Latin *lavo,* je lave.

Je *lef*	n. *lavons*
tu *lèves*	v. *lavez*
il *lève(t)*	il *lèvent*

Alternance de *i* et de *ei–oi.*

Je *pri*[2] (lat. *pręcor*)	n. *preions, proions*
tu *pries*	v. *preiez, proiez.*
il *prie(t)*	il *prient*

E ouvert tonique non suivi de *c, g* se diphtonguait en *ie;* atone il devenait *é;*

On avait ainsi pour *ferir, querir,* etc.

je *fier, quier*	n. *ferons, querons*
tu *fiers, quiers*	v. *ferez, querez*
il *fiert, quiert*	il *fierent, quierent*

Subjonctif présent: q. je *fiere,* q. je *quiere;* q. n. *feriens,* q. n. *queriens,* etc.

Alternance de *ei–oi, e*

| Je *pois* (lat. **pęso*) | n. *pesons* |

---

1 *A* accentué suivi de *m* donne *ai;* cf. supra, p. 19.
2 *E* ouvert accentué + *e* donne *i:* svant l'accent *e* +*e* donne *ei.*

tu *poises*   v. *pesez*
il *poiset*   il *poisent*

Subjonctif présent: q. je *pois, poises, poist;* q. n. *pesions,* etc.

Ces alternances étaient très nombreuses dans l'ancienne langue; on avait: *je pruef, nous prouvons; je pleure, n. plourons; j'uevre, n. ouvrons,* etc.

La langue, à cause de son besoin d'unité, a choisi en général une seule de ces formes; rarement elle les a gardées toutes les deux; elle a créé alors deux verbes différents. Ainsi: *charrier* et *charroyer, dévier* et *dévoyer; plier* et *ployer* (cf. *infra déjeuner* et *dîner*).

Dans certains verbes comme **adjutare, *parabolare, disjejunare*, les changements étaient plus importants: on disait: *je paróle, tu paroles, il paróle; n. parlóns, v. parléz, il parólent.* On disait également: *je déjeun; nous dinons, v. dinez, il déjeunent.*[1] Tous ces changements sont dus au déplacement de l'accent tonique.

Il nous reste encore, dans la conjugaison moderne, des exemples assez nombreux de ces variations du radical, surtout dans les conjugaisons archaïques : *je tiens, nous tenons; je veux, nous voulons; je peux, nous pouvons; je viens, nous venons; je conquiers, n. conquérons,* etc.

PREMIÈRE CONJUGAISON VIVANTE

Conjugaison en -er
Indicatif Présent

Je *chant*   n. *chantons*
tu *chantes*   v. *chantez*
il *chantet*   il *chantent*

Remarques: 1re personne du singulier. Les verbes dont le radical était terminé par deux consonnes qui avaient besoin d'une voyelle d'appui ont eu *e* final dès le début: je *trembl-e*, je *sembl-e*. Au XIIIe siècle la plupart des autres verbes ont pris cet *e*. Cependant jusqu'au XVIe siècle on trouve des formes comme je *pri*, quand le radical n'étai pas terminé par une consonne.

---

1   Plus exactement: je *dejœn;* il *dejœnent;* n. *dinóns;* v. *dinés*.

2ᵉ et 3ᵉ p. sg. Depuis les origines la 2ᵉ personne n'a pas varié. La 3ᵉ a perdu le *t* au XIIᵉ s.

Pour la 1ʳᵉ p. plur. on a au début *-omes* (picard), *-om, um* (normand) et *-ons*. C'est probablement à *sons* (de *être*) qui remonte cette dernière. *Sons* avait un doublet *somes* qui est resté pour le verbe *être,* tandis que *sons* a servi pour les autres conjugaisons.

Chantez représente au début *chantets* (*z = ts* en a. fr.). Depuis longtemps *z* s'est amuï, du moins devant consonne.

Imparfait

L'imparfait se présente sous trois formes: je *chantève* < lat. *cantabam;* je *chantoe, chantoue*, même origine; je *chanteie, chantoie;* cette dernière forme, qui est postérieure aux autres, a seule survécu dans la langue littéraire.

Je *chant-eie, oie*	n. *chanti-iens*
tu *chant-ties*	v. *chanti-iez*
il *chant-eiet*	il *chant-eient*

Voici l'explication de ces formes: *-eie* renvoie à une désinence latine *-ęa(m)*, provenant de *-ēbam* par chute du *b*. On suppose que cette forme s'est développée d'abord dans l'imparfait des verbes suivants, très usités pour des motifs d'ailleurs très divers: *habebam, debebam, vivebam, bibebam,* qui sont devenus *habęa, debęa, vivęa, bibęa,* d'où *aveie, deveie, vivtie, beveie*. Cet imparfait a donc été emprunté par la 1ʳᵉ conjugaison. Au XIIᵉ siècle *-oe, -oue* est remplacé par *-eie*, puis par *oie* (fin du XIIᵉ s.). La terminaison de *chant-oie*, qui comptait à l'origine pour deux syllabes, devient monosyllabique au XVIᵉ s., où l'on écrivait *chantoie* et *chantois*. Au XVIᵉ la 1ʳᵉ personne du singulier prend régulièrement *s;* à la fin du XVIIIᵉ s. on écrit *chantais*.

La 1ʳᵉ et 2ᵉ p. pl. sont empruntées à des formes dérivées de *-ebámus, -ebátis* (et non *-abamus, -abatis* de la 1ʳᵉ conjugaison latine). Ces formes sont devenues *e-ámus, eátis*, puis *-i-iens, i-iez,* en deux syllabes au début. *-i-iens* devenu *-iens* (monosyllabique) a été remplacé de bonne heure par *-ions* (influence de la désinence *-ons* de l'ind. prés. 1ʳᵉ p. pl.).

PARFAIT[1]

Je chantai	n. chantames
tu chantas	v. chantastes
il chantat	il chantèrent

Remarque: Ire p. sg. *Chantai* représente le latin *canta(v)i*. A la 3e p. *chantat* n'est pas le représentant phonétique régulier de *cantavit*: il y a là sans doute une influence analogique du verbe *avoir: ai, as, a(t)*. La 1re p. plur. (lat. *cantávimus*) ne devrait pas avoir *s* intérieure en a. fr. et un accent dans l'orthographe moderne: *s* provient par analogie de la 2e p. pl. *chantastes*. A la 3e p. pl. on rencontre des formes en *-arent: chantarent*. On sait que ces formes se trouvent encore dans Rabelais.

Futur et Conditionnel

Nous nous sommes occupé déjà de leur formation. Le futur est formé à l'aide du présent de l'indicatif du verbe *avoir* avec suppression de *av* au pluriel (1er et 2e p.): *chanter-ai, chanter-as, chanter-a; chanter-ons, chanter-ez, chanter-ont.*

Le conditionnel est formé de même avec l'imparfait de *avoir, aveie,* et suppression -du radical *av.*

Je chanter-eie	n. chanter-iiens, chanteriens
tu chanter-eies	v. chanter-iiez, chanteriez
il chanter-eiet	il chanter-eient.

Les transformations de ces désinences sont les même! que celles de l'imparfait.

Le futur et le conditionnel se présentent, dans certains verbes, sous une forme contracte: cette contraction se produit dans les verbes dont le radical est terminé par *r* ou par *n*: je *jurrai* pour *jurerai;* j'*enterrai* pour *entrerai,* je *donrai - dorrai* pour *donnerai;* je *menrai, merrai* pour *ménerai,* etc.

---

1   Prétérit ou *passé simple.*

IMPÉRATIF

Chante; chantons, chantez: chante représente régulièrement l'impératif latin *canta; chantons, chantez* sont des formes empruntées au présent de l'indicatif, ou peut-être au présent du subjonctif.

Subjonctif Présent

Que je *chant*	que n. *chantons*
que tu *chanz*	que v. *chantez*
qu'il *chant*	qu'il *chantent*

Ce sont là les formes les plus anciennes. Les formes en *e, es, et* (que je *chante*, que tu *chantes*, qu'il *chantet*) ont été empruntées aux autres conjugaisons où cet *e* provenait de *a* latin: *vendam* > que je *vende*.

Au pluriel *-ons, -ez,* formes de l'indicatif, ont survécu jusqu'au XVIe siècle. Il existait dans les dialectes de l'Est (Reims, Namur, Metz) une forme en *-iens, -iez* provenant de la conjugaison latine en *-io* (*iens* vient de *-iamus, -iez* de *-iatis; serviamus > serviens, serviatis > serviez*). Cette désinence a influencé la forme *-ons;* de là vient la forme actuelle *-ions,* qui est ancienne, mais qui n'a triomphé qu'au XVIe siècle.

On trouve des formes comme *portie* (que je porte), *demorge* (que je demeure), *donje* (= que je donne). Ces formes ont été faites sur le modèle de *morje, vienje, fierge,* où le *j-g* provient de *-iam* latin avec consonification de *i.*

Subjonctif Imparfait

Que je *chantasse*	que n. *chantassons*
que tu *chantasses*	que v. *chantassez*
qu'il *chantast*	qu'il *chantassent*

Ces formes représentent assez régulièrement les formes latines *cantassem, cantasses,* etc., pour *cantavissem.*

La 1re et la 2e p. pl. ont les désinences du subj. prés Elles sont devenues ensuite chantass-*ions,* chantass-*iez* sous l'influence de la même analogie.

L'ancien français a eu aussi, au pluriel, des formes en *-issions, -issiez,* empruntées à la 2e conjugaison vivante: que n. *amissions,*

q. n. *parlissions*, q. v. *parlissiez*; q. n. *gardissions*, *tardissions*, etc., comme q. n. *florissions*, etc.

Encore au XVIᵉ siècle Rob. Estienne conjuguait: que *j'aimasse*, que nous *aimissions*. Palsgrave admet le même paradigme.

Infinitif

Chant-er. L'infinitif est en *ier* dans de nombreux verbes: quand *-are* latin est en contact immédiat; avec un *i*, un *c* ou un *g* qui précèdent, ou même quand ce contact n'est pas immédiat et que les voyelles ou consonnes palatales se trouvent dans la syllabe qui précède. **Ex:** *irier, jugier, vengier* (*judicare, vindicare*), *aidier, empirier, despoillier, travaillier, pechier, peschier*.

On trouve encore cette diphtongaison en *ié* aux formes *i* suivantes:· présent de l'indicatif, 2e p. pl., et prétérit, 3ᵉ p. pl. (*vengiez, vengièrent*).

Participe passé

Chantet, chantede (< *cantatum, cantatam*). Le participe est en *-iet*, *-iede* quand l'infinitif est en *-ier*. En picard *-iée* du féminin se réduit à *-ie*: *despoillie, travaillie, vengie*.

Participe présent
Chantanz.[1]

Gérondif
Chantant: invariable.

Irréguliers

Aller: Ce verbe a trois radicaux provenant du lat. *ire, vadere* et probablement *ambulare*. *Ire* prête son radical au futur-conditionnel; *vadere* à quatre personnes de l'indicatif présent, à une de l'impératif (et aussi dans l'ancienne langue au subjonctif présent).

Ind. prés. Je *vois* (et *vai*), tu *vas, vais*, il *vait, va*; n. *alons*, v. *alez,*, il *vont*.

Vois ne peu't pas venir de *vado* : il correspond à *vado + is*, ce dernier élément étant peut-être emprunté à des formes comme *conois* < *cognosco, nais* < *nascor*. *Vois* est remplacé petit à petit par la forme *vais* analogique de la 2ᵉ et 3ᵉ p. sg. *Vais* triomphe au XVIe siècle.

---

[1] Se décline comme *forz, grant*.

La 2ᵉ et la 3ᵉ p. sg., *vais* et *vait,* paraissent analogiques de *fais, fait.* Impératif: *va* (déjà sous cette forme dans des inscriptions latines); *alons, alez*.

Subj. prés.: que je *voise*, q. tu *voises*, qu'il *voise*; q. n. *aillons*, q. v. *aillez*, qu'il *voisent*. Il y ayait aussi, au présent du subjonctif, un paradigme avec *l* mouillée à toutes les personnes, qui s'est maintenu en partie: que *j'aille, ailles, aillet; aillions* (auj. *allions*), *ailliez* (auj. *alliez*), *aillent*. On avait enfin d'autres formes de subjonctif présent comme *alge* et *auge*.

Ester: Ind. prés. *Estois, estas, esta;* n. *estons, estez, estont. Estois* est aussi difficile à expliquer que *vois;* il y a eu sans doute une influence analogique, sans qu'on puisse préciser quelle est cette analogie.

Subj. prés. *Estoise, estoises, estoit.* Impér. *Esta; estez.*

Parfait. *Estai, as, a,* comme *aimai, chantai.* On a aussi une autre forme se rattachant au latin vulgaire **stetui* pour *steti* : *j'estui*, tu *esteüs;* il *estut;* il *esturent.* L'imparfait du subjonctif est *estasse* ou *esteüsse,* suivant qu'il est fait sur la première ou sur la deuxième de ces formes.

Doner: Ce verbe est régulier; cependant on trouve *doins* (< *don(i)o* + *s*) à l'indicatif présent (1ʳᵉ p. sg.) et par suite *doinse, doinses, doinst–doint* aux trois personnes du singulier du subjonctif présent: cette 3ᵉ personne du singulier *doint* s'est conservée jusqu'au XVIIᵉ siècle dans des formules comme: *Dieu vous doint*. Au futur on trouve: *donerai, donrai* et *dorrai*.

Les verbes *prouver* et *trouver* avaient à l'indicatif présent, 1ʳᵉ p. sg., des formes irrégulières comme je *pruis,* je *truis* et, au subj. prés., 1ʳᵉ p. sg., q. je *truisse, pruisse.*

Envoyer et *renvoyer* avaient, au futur, une forme populaire *envoyerai*,[1] qui a survécu jusqu'au XVIIIᵉ siècle. La forme *enverrai, renverrai* est aussi ancienne, et peut-être plus. Elle est d'ailleurs difficile à expliquer, au point de vue phonétique.

---

1   Voir dans Littré des exemples de Corneille, Molière, etc.

GRAMMAIRE DE L'ANCIEN FRANÇAIS

DEUXIÈME CONJUGAISON VIVANTE
CONJUGAISON EN -IR

Cette conjugaison comprend les verbes en *ir* inchoatifs;[1] ce sont ceux dont le radical est allongé par l'infixe *-iss* aux temps suivants: indicatif présent et imparfait, subjonctif présent, impératif, participe présent. **Ex:** nous *fin-iss-ons*, je *fin-iss-ais, fin-iss-ant*.

CONJUGAISON EN -IR INCHOATIVE

Formes avec Suffixe Inchoatif

Indicatif Présent

Je *fen-is* (< *finisco*)   n. *fen-iss-ons*
tu *fen-is* (< *finiscis*)   v. *fen-iss-ez*
il *fen-ist* (< *finiscit*)   il *fen-iss-ent*

Il n'y a rien à remarquer sur ces formes, sinon que *s*, à la 3e p. sg., disparaît de bonne heure devant *t*. Au pluriel les terminaisons sont les mêmes que celles de la 1re conjugaison.

Imparfait

Je *fen-iss-eie, oie*   n. *fenissiiens*
tu *fenisseies, oies*   v. *fenissiiez*
il *fenisseiet, oiet, oit*   il *fenisseient, oient*

Mêmes observations que pour l'imparfait en *-eie* de la 1 r. conjugaison; cf. *supra*; au pluriel *i-iens, i-iez* sont dissyllabiques à l'origine.

Impératif
Fenis; fenissons, fenissez

Subjonctif Présent

Que je *fenisse*   que n. *fenissons*
que tu *fenisses*   que v. *fenissez*
qu'il *fenisse(t)*   qu'il *fenissent*

---

1   Ces verbes sont dits *inchoatifs*, du latin *inchoativus* signifiant *qui commence*, parce que l'infixe *isc-* servait à former en latin des verbes indiquant le commencement d'une action: ex. *gemo*, je gémis; *ingemisco*, je commence à gémir.

Les formes *fenissiens (fenissions), fenissiez* sont plus récentes. Cf. *supra,* conjugaison en *-er.*

Participe Présent

Fenissant. La terminaison *-ant* est empruntée à la conjugaison en *-er.*

Formes sans Suffixe Inchoatif

Parfait

Je *feni*	n. *fenimes*
tu *fenis*	v. *fenistes*
il *fenit*	il *fenirent*

A la 1re p. sg. *feni* renvoie au latin *finí-i* pour *finívi. S* n'a été ajoutée d'une manière régulière qu'à partir du XVIIe s.; mais on la trouve bien avant. *Fenimes* vient du latin *finí(vi)mus; fenistes* de *finí(vi)stis; fenismes* a été refait sur *fenistes.*

Subjonctif Imparfait

Que je *fenisse*	que n. *fenissons*
que tu *fenisses*	que v. *fenissez*
qu'il *fenist*	qu'il *fenissent*

Ces formes paraissent être les mêmes que celles du subjonctif présent; mais ici elles proviennent du latin *finissem* pour *finivissem,* tandis qu'au subjonctif présent elles proviennent de *finiscam* devenu **finissam* dans le latin vulgaire (*finiscam* aurait donné *fenische*).

Participe Passé

Fenit, fenide. Bénit est le seul verbe qui aujourd'hui ait gardé le *t* au participe.

Futur

Fenir-ai

Conditionel

Fenir-eie

Ces formes sont régulières, du moins en apparence. Dans les verbes du premier fonds de la langue, *i* aurait dû disparaître, puisque l'infinitif, dans sa réunion avec *habeo* n'a plus l'accent sur la finale et forme avec *habeo* un mot unique: *finiráyo*. Mais la langue a conservé *i* de l'infinitif, parce que cet *i* était la caractéristique de cette: 2ᵉ conjugaison vivante.

Irreguliers

Les verbes irréguliers de cette conjugaison étaient assez nombreux autrefois. Aujourd'hui il n'y a plus que *bénir* et *haïr*.

Bénir n'a plus d'irrégulier que le participe *bénit*, qui, employé au sens liturgique, a gardé le *t*. Au moyen âge on a eu longtemps au parfait: je *benesquis;* nous *benesquimes,* il *benesquirent*. L'infinitif était *beneïr;* on avait aussi *beneïstre,* d'où le futur *beneïstrai, benistrai*.

Haïr est passé dans la langue moderne à la conjugaison inchoative, sauf aux trois premières personnes du singulier du présent de l'indicatif: Je *hais,* tu *hais,* il *hait;* au moyen âge on avait nous *hayons,* v. *hayez,* il *haient*. Imparfait. Je *hayeie, oie*. Subj. prés. que je *haie*. Impératif *haez*. Participe présent: *hayant*.

Guérir est aujourd'hui régulier. Au moyen âge le parfait se conjùguait ainsi:

je *garis*	n. *garesimes*
tu *garesis*	v.. *garesistes*
il *garist*	il *garirent*

CONJUGAISONS ARCHAÏQUES

Les conjugaisons archaïques comprennent: 1° des verbes en *-ir* (non inchoatifs); 2° tous les verbes en *-re;* 3° tous les verbes en *-oir*.[1]

CONJUGAISON EN -IR NON INCHOATIVE

Servir

Indicatif Présent

Je *serf*	n. *serv-ons*
tu *sers*	v. *serv-ez*

---

[1] Pour les terminaisons voir leur explication à la conjugaison en *-er*, p. 94, 95.

il *sert*   il *serv-ent*

A partir du XIIIe siècle *s* s'ajoute à la 1re personne et on a *sers* avec chute de *f* devant *s*.

Aux trois personnes du singulier il se produit de nombreuses modifications du radical devant *s* et *t* finals: ainsi, à la 1re p. sg., je *sers* (non je *serfs* ou *servs*), je *pars* (non je *parts)*; le radical pur reparaît au pluriel: n. *serv-ons,* n. *part-ons,* etc. D'autres modifications plus profondes se produisent dans les verbes dont le radical se termine par *l* mouillée. Elles seront étudiées à propos des verbes principaux de cette catégorie, p. 109.

Imparfait

On avait une forme (propre aux dialectes de l'Est, surtout au bourguignon) analogue à celle de la conjugaison en *-er*: je *servive* (comme je *chantève*); n. *servi-iens*, v. *servi-iez*, il *servivent*. Mais la forme en *-eie*,[1] *-oie* la supplanta de bonne heure.

Je *serv-eie, oie*   n. *servi-iens*
tu *serv-eies*   v. *servi-iez*
il *serv-eie(t)*   il *serv-eint, oient*

Parfait
Je *servi, servis* (comme je *feni, fenis*)

Futur
Servirai (de *servire habeo*)

Conditionnel
Servireie (de *servire habebam*), *oie,* etc.

Impératif

Serf (*sers* à partir du XIIIe s.); *servons, servez,* formes de l'indicatif présent ou peut-être du subjonctif présent. Cf *supra,* p. 100, première conjugaison vivante.

Subjonctif Présent
Que je *serve*   que n. *ser-vons*

---

1   Cf. *supra* à la. conjugaison en *-er,* p. 100.

que tu *serves*   que v. *serv-ez*
qu'il *serve(t)*   qu'il *serv-ent*

Ces formes correspondent à des formes latines comme *servam, servas*, etc., au lieu de *serviam*,[1] *servias*, etc. De même: que je *parte* renvoie à **partam,* au lieu de **partiam* (lat. class. *partiar*).

Cependant, pour certains verbes, surtout pour ceux dont le radical est terminé par *l* ou *n:*, les formes provenant de *-iam* se sont maintenues. On a ainsi qué je *bouille* (*bulliam*), que je *saille* (*saliam*) et par analogie: que je *faille* < **falliam* pour *fallam.* A la 1ᵉʳ p. plur. on avait *sailliens, sailliez,* représentant normalement *saliamus, salliatis.* On a eu par analogie *serviens, serviez; partiens, partiez,* et plus tard *servions, partions,* etc. Mais les formes sèches (c'est-à-dire sans *i*) du pluriel se sont maintenues jusqu'au XVIᵉ siècle (q. n. *servons,* q. v. *servez*).

Subjonctif Imparfait
Que je *servisse*, comme *fenisse*

Participe Présent
Servant.[2] La terminaison *-ant* est empruntée à la conjugaison en *-er.*

Participe Passé
Servi, servie.

Les participes passés de cette conjugaison correspondent: 1° à des participes passés du latin classique ou vulgaire en *-ītum: servi, sailli, oui;* 2° à des participes latins en *-ūtum: couru, issu, boulu, falu, feru, jeü;* 3° à d'autres participes latins, comme *mort* < **mortum,* pour *mortuum; quis* de *querir* a été formé d'après le parfait *quis*.

Cette conjugaison ne comprend plus aujourd'hui qu'une vingtaine de verbes simples, dont plusieurs sont défectifs. Voici les formes les plus importantes des principaux d'entre eux.

---

[1] On rencontre cependant *servie, dormie, partie.* etc., qui renvoient à des formes latines en *-iam.*
[2] *Servientem* a donné le subst. *sergent.* a. fr. *serjant.*

Boullir, Faillir, Saillir, Cueillir

Dans ces verbes il y avait alternance entre le radical avec *l* mouillée (*ill*) et le radical avec *l* non mouillée (*l*), suivant que *l* était, dans le latin vulgaire, en contact avec *i* semi-voyelle (*bullio, bulliam; salio, saliam, saliens*) ou non. Aujourd'hui, par suite de l'analogie, des transformations assez nombreuses se sont produites dans les radicaux de ces verbes.

Bouillir (d'abord Boulir)

Ind. prés.: je *boil*, tu *bols–bous*, il *bolt–bout;* n. *bolons;* v. *bolez*, il *boillent* (*bulliunt*). Subj. prés. que je *boille, es, e;* que n. *boliens, boliez, boillent*. Part., prés. *boillant*.

Les autres formes n'avaient pas *l* mouillée. Imparfait de l'indicatif:, je *boleie*. Parfait: je *boli, bouli, is, it*. Imparf. du subj.: que je *bolisse*. Infinitif: *bolir*. Part. passé: *bouli* et *boulu* (encore usité au XVIe siècle). Futur: *boldrai, boudrai*.

Tresaillir (et Saillir) conjuguaient ainsi

Ind. prés.: je *tressail*, tu *tressals – tressaus*, il *tressalt–tressaut;* n. *tressalons*, v. *tressalez*, il *tressaillent*. Imparfait: je *tressailleie* (< **tressaliebam*). Subjonctif présent: q. je *tressaille*. Le radical en *l* mouillée s'est généralisé à l'indicatif présent (tu *tressailles*, il *tressaille*, sur le modèle de: je *tressail*), à l'infinitif *tressailir* (d'abord *tressalir*), au prétérit *tressaillis* (d'abord *tressali*) et à l'imparfait du subjonctif: q. je *tressaillisse*. Le futur était *tressaudrai*, aujourd'hui *tressaillirai*[1] (*saillir* fait au futur *saillirai* au sens de *jaillir, saillerai* au sens de faire saillie).

Faillir

Ind. prés.: je *fail* (lat. vulg. **fallio* pour *fallo*), tu *fals*, il *falt;* nous *falons*, v. *falez*, il *faillent* (**falliunt* pour *fallunt*). Subj. prés.: que je *faille*. Ind. imparfait: je *faleie*. Infinitif: *falir*. Part. prés.: *falant*. Part. passé: *fali*. Futur: *faldrai, faudrai*.

Avec le radical en *l* mouillée *faill-* a été formé le verbe *faillir*, où *l* mouillée s'est généralisée. Le verbe *falloir*, qui n'est qu'un doublet de *faillir*, n'a plus de formes en *l* mouillée qu'au subjonctif présent: qu'il *faille*.

---

1   *Tressaillerai* dans le *Dictionnaire de l'Académie* de 1798.

Cueillir

Cueillir a aussi généralisé *l* mouillée à l'indicatif présent: l'ancienne conjugaison était: je *cueil*, tu *cuels*, il *cuelt;* n: *coillons,* v. *coillez,* il *cueillent.* Imparfait: je *caillais.* Parfait: je *coillis.* Subjonctif présent: que je *cueille,* etc.

Il y avait deux radicaux dans ce verbe : *cueil-* aux formes accentuées sur le radical; *coil-* aux autres formes. C'est le premier radical qui a été généralisé.

FERIR, GESIR, QUERIR, ETC.

Ferir

Ind. prés.: je *fier, fiers, fiert;* n. *ferons, ferez, fierent.* Subj. prés.: que je *fiere*,[1] *-es,* etc. Impératif: *fier.* Indicatif imparfait: *fereie.* Parfait: *feri.* Futur: *ferrai* Condit.: *ferreie.* Part. passé: *feru.*

Gesir

Ind. prés. : je *gis*, tu *gis*, il *gist;* n. *gesons,* v. *gesez,* il *gisent.* Imparfait: *geseie.* Prétérit: je *jui*, tu *jeüs*, il *jut;* n. *jeümes,* v. *jeüstes,* il *jurent.* Futur: *gerrai.* Subj. prés.: que je *gise;* que n. *gesiens.* Imparf. : que je *jeüsse.* Part. prés.: *gesant.* part. passé: *jeü, ju.* Le radical *gis-* des formes accentuées sur le radical a remplacé, *ges-* des formes atones.

Qerir (Querre)

Ind. prés.: je *quier-s;* n. *querons,* il *quierent.* Imparfait: je *quereie.* Parfait:

Je quis	n. *quesimes, que-ïmes, quimes*
tu *quesis, que-is, quis*[2]	v. *quesistes, que-ïstes, quistes*
il quist	il quistrent, quirent

C'est un parfait fort; ces parfaits seront étudiés plus loin, p. 123 sq.

Futur: *querrai.* Condit.: *querreie.* Subj. prés.: q. je *quiere, quieres, quiere;* q. n. *querons – queriens, queriez, quierent.* Imparfait: *quesisse,* puis *que-ïsse, quisse.* Part. passé: *quis.*

Cf. encore les composés: *acquérir, conquérir, requérir.*

---

[1] Et aussi: que je *fierge* (de *feriam* avec consonification de *i* en *j–g*).
[2] Les formes faibles sont marquées en italiques.

Issir

Le radical des formes accentuées sur le radical est *iss-*, celui des autres formes *eiss-*. La confusion entre ces deux radicaux s'est produite de bonne heure. Ind. prés.: j'*is*, tu *is*, il *ist*; n. *eissons*, *eissez*, *issent*. Imparfait: *eisseie*. Prétérit: *eissi*. Futur: *istrai*. Conditionnel: *istreie*. Subj. prés.: que j'*isse*; que n. *eissiens*, etc. Infinitif: *eissir*; forme plus récente *issir*. Part. prés.: *eissant*, *issant*. Part. passé: *eissu*, *issu*.

Vestir

Vestir faisait au part. passé *vesti* et *vestu*. Cette dernière forme a seule survécu. *Revêtir* et *dévêtir* l'ont gardée. *Travestir* et *investir*, formes savantes, ont le participe en *i*: *investi*, *travesti*.

Ouir

Défectif aujourd'hui. Ind. prés.: j'*oi*, tu *os*, il *ot*; n. *oons*, v. *oez*, il *oient*. Imparfait: j'*oeie*. Parfait: j'*oui(s)*. Futur: *orrai*, encore usité au XVIIe siècle: Conditionnel: *orreie*. Subj. prés.: que j'*oie*, *oies*, *oiet*; q. n. *oiens*, *oiez*, *oient*. *Oyons*, *oyez* (impératif) sont encore usités au XVIIe s. Part. prés.: *oiant*, *oyant*. Part. passé: *oui*.

Courir

Le parfait de ce verbe était en *-i* dans l'ancienne langue: je *couri*, tu *couris*, etc. L'imparfait du subjonctif était, par suite, en *-isse*: que je *courisse*; on trouve encore cette forme au XVIIe siècle. Le parfait actuel en *-us* a été emprunté à la conjugaison en *-oir*. Futur: *courrai*, formé sur l'infinitif *courre*.

Mourir

Ind. prés.: je *muir*, tu *muers*, il *muert*; n. *morons*, v. *morez*, il *muerent*. La forme actuelle de la 1re personne du singulier est analogique de la 2e et de la 3e p. sg.

Le parfait actuel est en *-us*: il a été autrefois en *-i* et en *-us*. Je *mori*, tu *moris*, etc., et je *morui*, tu *morus*, etc.; par suite l'imparfait du subjonctif était: que je *morisse* et que je *morusse*. Futur: *morrai*.

Subjonctif présent: que je *muire*,[1] *muires*, *muire*; q. n. *moriens*, *moriez* (et aussi *morons*, *morez*), *muirent*. Les formes actuelles du singulier sont analogiques du présent de l'indicatif.

---

1 On a aussi *morje* avec consonification du *yod* latin en *j* (lat. *moriam*, pour *moriar*).

Tenir, Venir

Ven-ire a entraîné dans la conjugaison en *-ir tenere,* devenu **tenīri.*

Le radical accentué est *tien-, vien-;* le radical non accentué *ten-, ven-.* Ind. prés.: je *vien, tien;* n. *venons,* etc.

Au subjonctif *n* au contact de i est devenu *n* mouillée, c'est-à-dire *gn*. On avait donc: que je *viegne, viegnes, viegne;*[1] q. n. *veniems* *–venions*, q. v. *veniez* (*venons, venez*), qu'il *viegnent;* on avait de même: que je *tiegne* (venant de *teniam* pour *teneam*). Vers la fin de la période du moyen français (xve siècle) le radical *vien-, tien-,* avec *n* non mouillée, a remplacé *viegn*: d'où les formes actuelles *vienne, tienne.*

Le futur était *tendrai, vendrai,* aujourd'hui *tien-d-rai, vien-d-rai,* avec emprunt du radical accentué.

Quant au parfait, il appartenait à la classe des parfaits forts dont il sera bientôt question.

Je vin, tin	n. *venimes, tenimes*
tu *venis, tenis*	v. *venistes, tenistes*
il vint, tint	il *vindrent, tindrent*

Sous l'influence de *i* final le parfait latin *veni* est devenu *vīni* en latin vulgaire, d'où *vin,* et, par analogie, *tin*. A la 3e p. sg. *i* est analogique de la 1re personne; l'*i* final de cette 3e p. n'étant pas long n'aurait pas pu modifier la voyelle tonique. L'*i* de la 3e p. du pluriel s'explique de même.

Le radical accentué *tin-, vin-,* s'est généralisé dans la conjugaison moderne du parfait de ces deux verbes.

L'imparfait du subjonctif était: que je *tenisse,* que je *venisse;* formes modernes: *tinsse, vinsse,* avec les radicaux *tin-, vin-.*

Participes passés: tenu, venu.

CONJUGAISON EN -RE

Verbe Rompre

Indicatif Présent

Je *ron+s*	n. *romp-ons*
tu *rons, ronz*	v. *romp-ez*
il *ront*	il *romp-ent*

---

1 On trouve aussi, avec consonification de *i* en *j, g*: *tienge, vienge.*

Aux trois personnes du singulier, la consonne finale du radical peut subir des modifications ou disparaître par suite de *s* ou de *t* finals: ainsi on avait: tu *parz* et non tu *parts* (groupe de trois consonnes), tu *ronz*, plus tard tu *romps*, etc. La consonne finale du radical reparaît au pluriel. A la 1re pers. sg. *s* apparaît de bonne heure, mais ne se généralise qu'assez tard, à la fin de la période du moyen français (XVe s.).

A la 3e pers. sg., dans les verbes dont l'infinitif se termine en *-dre*, comme *perdre*, *mordre*, *tordre*, etc., la langue moderne a changé le *t* final, qui provenait du latin en *d*: l'ancien français écrivait *pert*, *mort*, *vent;* la langue moderne écrit *perd*, *mord*, *vend*, mais le *t* reparaît dans les liaisons, comme: *il ven(t) à perte.*

Imparfait
Je *rompeie*.

Parfait
Ici il faut établir une distinction entre les parfaits *faibles* et les parfaits *forts*. Les parfaits *faibles* sont toujours accentués sur la terminaison; les parfaits *forts* sont accentués sur le radical à la 1re pers. sg., à la 3e pers. sg. et à la 3e pers. pl.; ils sont accentués sur la terminaison aux autres personnes. Nous allons revenir sur ce temps.

Imparfait
Romp (*s* n'a été sjoutée qu'assez tard); *rompons, rompez*.

Subjonctif Présent
Que je *rompe* (lat. *rumpam*); que n. *rompons*, plus tard *rompiens, rompions;* que v. *rompez, rompiez,* qu'il *rompent*.

Imparfait du Subjonctif
Il est formé sur le radical du parfait: je *rompi-s*, que je *rompisse*. Dans les verbes à parfaits forts il est formé avec le radical des formes faibles (2e p. sg., 1re et 2e pl.); parfait: je *fis*, tu *fes-is* ; imparfait du subjonctif: que je *fes-isse*. Cf. plus loin pour plus de détails.

Futur
Romprai

Conditionel
Rompreie

Infinitif
Rompre

Participe Présent
Rompant, formé sur *am-antem,* et non sur *rump-entem.*

Participe Passé
Rompu du lat. vulgaire **rumputum* pour *ruptum* (a. fr. *rout;* cf. *route, déroute*).

Les participes passés de cette conjugaison correspondent: 1° à des participes passés latins en *-ūtum* (lat. cl. ou lat. vulg.): *cousu, vécu, bu, cru, pû, plu, tu,* etc; 2° à des participes latins accentués sur le radical: *clos* (<*clausum*), *cuit, dit, duit, fait, trait; plaint, joint,* etc. En général cette seconde catégorie de participes correspond à des parfaits terminés en *-s* (lat. *-si, -xi*), la première catégorie correspond aux parfaits en *-us* (lat. *-ui*).

Les verbes de cette conjugaison, avons-nous dit, présentent dans l'ancienne langue des parfaits *forts* et des parfait *faibles.*

VERBES À PARFAITS FAIBLES

Le parfait faible était le suivant, où toutes les formes sont accentuées sur la terminaison.

Je *rompi-(s)*	n. *rompimes*
tu *rompis*	v. *rompistes*
il *rompit*	il *rompirent*

C'est la même formation que le parfait de *servir.* Il y eut aussi un autre parfait, dont les formes furent surtout fréquentes à la 3ᵉ p. du sg., et qui est *perdiet* (du latin *perdédit*). On a ainsi *rendiet, tendiet, defendiet,* etc. Ce parfait est surtout propre aux verbes en *-dre,* comme *perdre, tordre, mordre,* mais on le rencontre aussi dans d'autres verbes : *rompiet.*

Imparfait du Subjonctif

Que je *rompisse*	q. n. *rompissons, iens, ions*
que tu *rompisses*	q. v. *rompissez, iez*
qu'il *rompist*	qu'il *rompissent*

Parmi les verbes à parfaits faibles, c'est-à-dire constamment accentués, au parfait, sur la terminaison, nous citerons les suivants: *battre* (je *batti-s*), *défendre* (je *defendi-s*), *descendre, pendre, rendre, tendre, vendre; fondre, tondre; vaincre, suivre*.

Les verbes *mordre, tordre* et les verbes dont l'infinitif est en *-aindre, -eindre, -oindre*, ont des parfaits forts.

D'autres parfaits sont en *-us*. Nous allons donner les exemples de parfaits faibles en *-i* (*-is*) et en *-ui* (*-us*); nous donnerons ensuite les exemples des parfaits forts.

1° Parfaits Faibles en -i

Les verbes les plus intéressants de cette section sont les suivants. Nous donnons en même temps que le parfait les temps principaux ou les formes les plus importantes.

Suivre

Ind. prés.: je *siu* (Plus tard je *sui*, je *suis*), tu *sius–suis*, il *siut–suit*; n. *sevons* (*suivons*), v. *sevez* (*suivez*), il *sivent–suivent*. Imparfait: je *seveie*, ou plutôt je *sieveie*. Parfait: je *sevi–sivi*; il *sivirent*. Futur: je *sivrai*. Conditionnel: je *sivreie–sevreie*. Subj. prés.: q. je *sive* et q. je *sieve*. Infinitif: *siure, suire, suivir*, etc.[1] Part. présent: *sivant, sevant, sievant*. Part. passé: *seü < secútum* et *suivi*, qui se rattache à l'infinitif *suivir*.

Les formes du radical étaient, comme on le voit, nombreuses dans ce verbe; elles se sont réduites à *suiv-*, forme composée du radical *sui-* du singulier du présent de l'indicatif et du radical *sev-*, propre au pluriel de ce temps et aux formes non accentuées sur le radical: le *v* provient de l'*u* de *quo*

---

[1] Les formes de l'infinitif sont nombreuses.

Coudre

Radical *coud-* (infinitif, futur, conditionnel et 1re, 2e, 3e p. sg. ind. prés., 2e p. sg. impératif);[1] *Cous-* aux autres temps. Parfait: je *cousis*. Part. passé: *cousu*.

Vivre

Vivre a deux radicaux: *viv-* aux temps de la 1re série, à l'infinitif et au participé présent; *vesc-*, *véc-*, au parfait et aux temps dérivés. Aux trois premières personnes de l'ind. prés., le radical *viv-* s'est réduit à *vi-* devant *s*, *t*.

Le parfait fut. longtemps *vesquis* (on trouve encore *survesquis* au XVIIe s.); *vécus* est plus récent. Part. passé: *vescu*, *vécu*.

Naître

Naître a trois radicaux: *naist-*, (*naît-*), *naiss-*, *nasqu-* (*naqu-*). Les formes ne présentent pas de difficultés. Ind. prés.: je *nais*; n. *naissons*. Parfait: je *nasquis*.

2° Parfaits Faibles en -ui (-us)

Cette classe n'est pas très nombreuse. On pourrait y mettre, d'après les parfaits actuels, le verbe *courre*, déjà vu sous *courir* (cf. *supra*), *moudre* et *soudre*, dont le radical était primitivement: *mol-*, *mold-*, et *sol-*, *solv-*.

Moudre
Parf.: je *molui*, tu *molus*, il *molut*, etc.

Quant à *soudre*, son ancien parfait était fort: *sols*, *solsis*, *solst*, etc. La forme *solu* dans je *résolus* est relativement récente. Il y a donc lieu de le classer parmi les verbes à parfait fort. Notons que *absolu*, *dissolu*, formes régulières du participe passé,[2] sont devenus des adjectifs; les participes sont *absous*, *dissous*, renvoyant à des radicaux en *sols-* (**absolsum*, **dissolsum*); mais il y avait une autre forme *absout*, *dissout*, dont le féminin était *absoute*, *dissoute*, renvoyant à des formes latines **absóltum*, **dissóltum*.

---

1 Au présent de l'indicatif et à l'impératif le *d* n'a qu'une valeur orthographique.
2 Encore employées ainsi an XVIe siècle.

PARFAITS FORTS DE LA CONJUGAISON EN -RE

Parmi les parfaits les plus importants de cette classe, citons d'abord des plus usuels, se rattachant aux parfaits latins en -*si*, -*xi* (je *mis*; je *pris*; je *dis*, etc.) et aux parfaits en -*i*, comme *fec-ī*; voici les paradigmes:

Je fis	je pris
tu *fesís*[1]	tu *presís*
il fist	il prist
n. *fessímes*	n. *pressímes*
v. *fesístes*	v. *presístes*
il fi(s)rent	il pristrent

Fis correspond à une forme **fici* (pour *fecī*) du latin vulgaire; *pris* vient de **prisi* pour *prendidi*.

Sur *pris* se conjuguent: je *mis*, tu *mesís* (mettre); je *dis*, tu *desís*; je *quis*, tu *quesís* (quérir), etc.

L'évolution de ces formes est la suivante: probablement par suite de dissimilation *s* intervocalique disparut de bonne heure dans les formes faibles *fesis, fessimes, fesistes*, qui devinrent *fe-ïs, fe-imes, fe-ïstes* et se maintinrent ainsi pendant la période du moyen français (XIVe–XVe s.). Cet hiatus interne *(fe-ïs)* disparaissant, on eut les formes *fis, fimes, fistes*, ou plutôt les formes *feis, feimes, feistes*, où la pseudo-diphtongue *eï*[2] est, au XVIe siècle, une pure survivance orthographique.

De même *presis, presimes, mesis, mesimes*, devenus *pre-ïs, pre-ïmes, me-ïs, me-ïmes*, puis *preis, preimes, meis, meimes* ont abouti aux formes actuelles *pris, prîmes, mis, mîmes*, etc.

Le même processus a eu lieu dans le radical de l'imparfait du subjonctif, qui était le suivant:

Que je	*fesisse*	plus tard	(*fe-ïsse, fisse*)
que tu	*fesisses*		(*fe-ïsses, fisses*)
qu'il	*fesist*		(*fe-ïst, fist*)
que n.	*fesissons, iens, ions*		(*fe-ïssions, fissions*)
que v.	*fesissez, iez*		(*fe-ïssiez, fissiez*)
qu'il	*fesissent*		(*fe-ïssent, fissent*)

---

1 Nous rappelons que dans les paradigmes des parfaits les formes faibles sont en italiques.
2 Au XVIe siècle on écrivait: je *feis* tu *feis*, n. *feimes*, mais on prononçait *fis, fimes*.

On avait de même: que je *presisse (pre-ïsse, prisse)*; que je *mesisse (me-ïsse, misse)*; que je *desisse* (de *dire*), que je *quesisse* (de *quérir*), etc., etc.

Voici les autres temps de *dire, faire*.

Dire

Ind. prés.: je *di*, tu *dis*, il *dit*; n. *dimes, dites*, ,il *dient*. Imparf.: je *diseie*. Parf.: je *dis*, tu *desis*, il *dist*, etc. Subj. imparf.: que je *desisse (de-ïsse, disse)*. Subj. prés.: que je *die, dies, die*; que nous *diiens, dions*, q. v. *diiez, diez*, qu'il *dient*. Le radical *dis-*, qui se trouvait dans *je diseie*, a remplacé le radical *di-* au subjonctif présent. Mais la forme *die* a survécu longtemps.

Faire

Ind. prés.: je *faz*, tu *fais*, il *fait*; n. *faimes*, v. *faites*, il *font*. Imparfait: je *fesoie*. Futur: *ferai*. Conditionnel : *fereie*. Subj. présent: que je *fasse, face*; que nous *fassiens, faciens*, etc.

Rire

Rire faisait aussi, au parfait, je *ris*, tu *resis*, il *rist*; n. *resimes*, il *rirent*, et, à l'imparfait du subjonctif, q. je *resisse*.

Cuire, Détruire, Duire (Conduire, Produire, etc.), Luire

Le parfait était le suivant (*duire*):

Je duis	n. *duisímes*
tu *duisís*	v. *duisístes*
il duist	il duistrent

On conjuguait de même: je *luis*, tu *luisis*; je *destruis*, tu *destruisis*; je *construis*; je *cuis*, tu *cuisis*, etc. Depuis la XIIIe siècle il existe pour ces verbes, sauf pour les défectifs, un parfait faible, qui est le parfait actuel: je *conduisis*.

Pour *nuire*, cf. *infra*, p. 120, parfaits forts en *-ui*.

Conclure, Exclure

Conclure, exclure font, au parfait, *conclus, conclusis*, etc. Ma.is ils se sont assimilés de bonne heure aux verbes à parfait faible en *-us*: d'où les formes actuelles: je *conclus*, tu *conclus*.

Tordre et Mordre

Tordre et mordre avaient dans l'ancienne langue des parfaits forts: je *tors*, tu *torsis*, il *torst;* n. *torsimes,* etc. Ces parfaits ont été remplacés, à la fin de la période de l'ancien français, par les parfaits faibles actuels: je *tordis,* je *mordis,* avec le radical du présent *mord-, tord-.*

Sourdre

Sourdre avait de même un parfait: je *sors,* tu *sorsis,* il *sorst.*

Prendre

Prendre, dont nous avons étudié le parfait, voit *nd* réduit à *n,* aux trois personnes du pluriel de l'indicatif présent, au subjonctif présent, à l'imparfait de l'indicatif et au participe présent. Le radical avec *nd*[1] a existé dans l'ancienne langue, mais a fait place de bonne heure au radical réduit à *n.* Au subj. présent on avait *preigne,* par analogie de *plaigne, ceigne,* etc. La forme actuelle *prenne* est empruntée au radical de l'indicatif présent (pluriel) et est relativement récente.

Clore

Ind. prés.: *clo, clos, clot,*. n. *cloons,* v. *cloez,* il *cloent* (auj. ils *é-clos-ent*). Parfait: je *clos,* tu *closis,* il *clost,* etc.

Ce sont surtout les verbes en *-aindre, -eindre, -oindre,* qui ont subi des transformations importantes au parfait. On conjuguait leurs parfaits, qui étaient forts, sur le paradigme suivant:

Je plains (lat. *planxi*) n. *plainsímes*
tu *plainsís* v. *plainsístes*
il plainst il plainstrent

De même: je *ceins,* tu *ceinsis,* il *ceinst;* je *feins,* tu *feinsis,* il *feinst.* Je *joins,* tu *joinsis,* il *joinst.*

La forme actuelle faible, je *plaignis,* je *joignis,* je *feignis,* est relativement récente (fin de la période de l'ancien français, XIIIe–XIVe s.).

La plupart de ces verbes ont eu aussi une forme de radical terminé en *d* au parfait, comme je *plaindis*: elle disparaît pendant la période du moyen français.

---

1 Nous *prendrons,* je *prendeie,* etc.

Craindre

Ce verbe avait trois parfaits: un parfait fort en -s (je *crens*, tu *crensis*, il *crenst*); deux parfaits faibles, l'un en *-ui*, *-us* (je *cremui*, tu *cremus*, etc.), l'autre en *-i* (je *cremi-(s)*, tu *cremis*, etc.). La forme *craignis*, analogique, a supplanté les trois autres. Part. passé: *cremu*.

Ind. prés.: je *criem*,[1] tu *criens*, il *crient*; n. *cremons*, v. *cremez*, il *crieMent*. Imparf.: je *cremeie*. Infinitif: *criembre*, *criendre*, et, par analogie des verbes en *-aindre*, *craindre*; d'où la conjugaison actuelle, semblable à celle de *plaindre*.

Querre

Cf. *quérir*. Ind. prés.: je *quie*; n. *querons*. Parfait: je *quis*, tu *quesis*, il *quist*, etc. Subj. imparfait: que je *quesisse*.

Traire[2]

Ind. prés.: je *trai*, *trais*, *trait*; *traions*, *trai-iez*, *traient*. Subj. prés.: que je *traie*. Parfait: *trais*; *traisis*, *traist*; n. *traisimes*, etc. Part. présent: *traiant*. Part. passé: *trait*.

Ecrire

Ecrire avait deux parfaits : j' *escris*, tu *escresis*, etc., parfait fort (du latin *scripsi*, *scripsisti*), et j'*écrivis*, tu *écrivis*, etc., parfait faible.

Parfaits en -ui, -us

Ces parfaits correspondent à des parfaits latins (latin vulgaire ou latin classique) en *-ui*. Ils sont propres surtout aux verbes en *-oir*. Voici les principaux verbes en *-re* qui présentent ces parfaits: nous donnons en même temps les formes des temps principaux.

Boire

Ind. prés.: je *boi* (et *boif*), tu *bois*, il *boit*; n. *bevons*, v. *bevez*,[3] il *boivent*. Imparfait: je *beveie*. Subj. prés.: que je *boive*. Ancien futur: *bevrai*, plus tard *buvrai*; *boirai* a été, refait sur l'infinitif.

Parfait: je *bui*, tu *be-üs*, il *but*; n. *be-ümes*, v. *be-üstes*, il *burent*. Subj. imparf.: que je *be-üsse*. Part. passé: *be-ü* (*beu*, *bu*).

---

1   Lat. vulg. *crémo* pour lat. cl. *trĕmo*.
2   Ce verbe avait dans l'ancienne langue le sens de *tirer*.
3   La transformation de *bevons*, *bevez* en *buvons*, *buvez* s'explique sans doute par l'analogie du radical *bu*, du parfait et du participe passé, ou peut-être par une raison de phonétique.

Croire

Ind. prés.: je *croi*, tu *crois*, il *croit*; n. *creons*, v. *creez*, il *croient*.

Imparf.: *creeie*. Subj. prés.: que je *creie–croie*, etc. Futur: *crerai*, devenu *croirai* sous l'influence du radical accentué du présent de l'indicatif *croi* ou de l'infinitif.

Parfait: je *crui*,[1] tu *cre-üs*, il *crut*; n. *cre-ümes*, v. *cre-üstes*, il *crurent*. Subj. imp.: q. je *cre-üsse*. Part. passé: *cre-ü* (*creu, cru*). Part. prés.: *creant* (plus tard *croiant, croyant*, avec emprunt du radical *croi*: cf. *mécréant*).

Lire

Ind. prés.: je *li*, tu *lis*, il *lit*; n. *lis-ons*, v. *lis-ez*, il *lis-ent*. Le radical *lis-* du pluriel est peu régulier au point de vue phonétique; de même le radical de l'imparfait de l'indicatif et du présent du subjonctif. Peut-être y a-t-il eu influence de *dire* (imparf.: *dis-eie*; part. prés. *dis-ant*).

Il a existé deux parfaits, un en -*s*, l'autre en -*us*.[2]

1° Je *leis*, tu *leisis*, il *leist*; n. *leisimes*, v. *leisistes*, il *leistrent*.

2° Je *lui*, tu *le-üs*, il *lu*; n. *le-ümes*, v. *le-üstes*, il *lurent*.

Subj. imparf.: q. je *le-isse* et que je *le-üsse*.

Part. passé: *leit, lit*; *le-üt, leu, lu*.

Nuire

Nuire (autre infinitif *nuisir*) faisait au parfait dans l'ancienne langue: je *nui*, tu *no-üs* – *ne-üs*, il *nut*; n. *no-ümes* – *ne-ümes*, *no-üstes* – *ne-üstes*, il *nurent*. C'est un parfait fort en -*ui*; il s'est assimilé au parfait des verbes en -*duire* (*pro-duire, con-duire*): je *nuisis*; il est aujourd'hui peu usité.

Plaire, Taire

L'ancienne langue connaissait aussi les infinitifs *plaisir, taisir*.

Parfaits: je *ploi*, tu *plo-üs* (*ple-üs*), il *plóut*; n. *plo-ümes* (*ple-ümes*), v. *plo-üstes* (*ple-üstes*), il *plóurent*.

Je *toi*, tu *to-üs* (*te-üs*), il *tóut*: n. *to-ümes*, v. *to-üstes*, il *tóurent*.

Subj. imparf.; que je *plo-üsse* (*ple-üsse*, d'où *plusse*); que je *to-üsse* (*te-üsse, tusse*).

Part. passé: *plo-üt* (plus tard *ple-ü, plu*); *to-üt* (*te-ü, tu*).

---

1 On trouve aussi un parfait faible: je *cre-I*, tu *cre-is*, etc. *Crui* vient d'une forme barbare *credui*, pour *credidi*.

2 Tous deux renvoient à des formes du latin vulgaire: *leis* se rattache à *lexi (pour *legi*), *lui* à *legui. Au participe, *leit* représente *lectum*, *leüt* *legutum*.

Ind. prés.: Je *plaz*, tu *plais*, il *plaist;* n. *plais-ons*, v. *plais-ez*, il *plais-ent*. Subj. prés.: que je *place;* q. n. *placiens*, q. v. *placiez*, qu'il *placent*.
Le radical *plais-* a été généralisé; de même pour *taire*, qui se conjugue comme plaire.

Paître
Parf. : je *poi*, tu *po-üs*, il *pout;* n. *po-ümes*, v. *po-üstes*, il *póurent*. Subj. imp.: q. je *poüsse*. Part. passé: *po-ü* (*peü*, puis *pu;* cf. *repu*).

Connaître
Ancienne forme Conoistre. Parf.: je *conui*, tu *con-üs*, il *conut;* n. *cone-ümes*, v. *cone-üstes*, il *conurent*. Imp. du subjonctif: q. je *cone-üsse*. Part. passé: *coneü, conu*. Ind. prés.: je *conois;* n. *conoissons*.

Croître
Parfait: je *crui*, tu *cre-üs*, il *crut,*. n. *cre-ümes*, v. *cre-üstes*, il *crurent*. Imp. du subjonctif: q. je *cre-üsse*. Part. passé: *cre-ü, crû*. Ind. prés.: je *creis – crois* (< *cresco*); n. *creiss-ons, croiss-ons*.

Paraître
Ancienne forme paroistre: Parfait faible (*parui, parus*, etc.), propre à paroir; voir plus loin cette forme (infra).

CONJUGAISON EN -OIR

Les verbes en *-oir* correspondent en général aux verbes latins de la conjugaison en *-ére*.[1]

La conjugaison des verbes en *-oir* est la plus irrégulière, parce qu'elle est la plus archaïque. Elle ne contient guère que seize verbes simples, dont la plupart sont défectifs. Les verbes usuels *avoir, devoir, pouvoir* appartiennent à cette conjugaison.

La plupart de ces verbes ont conservé aux temps du présent de l'indicatif (et quelquefois du subjonctif) des radicaux différents, suivant qu'ils sont accentués ou atones: je *veux*, nous *voulons;* je *dois*, nous *dev-ons;* je *reçois*, n. *recevons;* je *sais*, n. *savons;* je *peux*, n. *pouvons;* autrefois je *voi*, n. *veons;* je *chiet* (je tombe), n. *cheons*, etc.

---

[1] *Luire, nuire, maindre* renvoient aux formes suivantes du latin vulgaire, où ces verbes avaient changé de conjugaison: *Lucére, nocére, manére. Lucĕre, noĕtre, manĕre* ont donné régulièrement *luisir, nuisir, manoir; placĕre* a donné *plaisir, plácĕre* a donné *plaire*.

Les participes passés de ces verbes sont en -*u,* correspondant au latin -*ūtum: eu, chu, dû, fallu, valu, voulu,* etc.; cf. cependant *sis* < lat. vulg. **sīsum.*

On distingue les verbes de cette conjugaison d'après leurs parfaits: 1° verbes à parfait faible: parfaits en -*ui, us;* 2° verbes à parfait fort: (a) provenant de parfaits latins en -*i,* (b) provenant de parfaits latins en -*si;* provenant de parfaits latins en -*ui.*

VERBES A PARFAITS FAIBLES

Paroir

Ind. prés.: je *per* – *pair,* tu *pers,* il *pert* (cf. il *appert,* de *apparoir*); n. *parons,* v. *parez,* il *perent.* Subj. prés.: q. je *pere* (*paire*), q. tu *peres,* etc. Parfait: je *parui, paru-s,* tu *parus,* il *parut;* n. *parumes,* etc.

Verbes dont le Radical est Terminé par L

Quand cette *l* est en contact avec *yod* elle se transforme, au présent de l'indicatif et du subjonctif, en *l* mouillée. **Ex:** **volio* (class. *volo*) > je *vueil;* **voliam* (class. *velim*) > q. je *vueille;* **fallio* (class. *fallo*) > je *fail;* **falliam* (class. *fallam*) > q. je *faille;* **valiam* (class. *valeam*) > q. je *vaille,* etc.

Chaloir (Impersonnel)

Ind. prés. : il *chaut* (il importe). Parfait: *il chalst* et il *chalut:* cette dernière forme est plus fréquente. Subj. présent qu'il *chaille* (< *caleat, caliat*). Subj. imparf.: qu'il *chalsist, chausist;* qu'il *chalust.*

Douloir et Souloir

Douloir et souloir, dont plusieurs formes étaient restées vivantes jusqu'au XVIIe siècle, faisaient au parfait: je *doulus,* je *soulus.* Ind prés. Je *dueil,* n. *dolons;* je *sueil.*

Falloir

Falloir avait trois parfaits: les deux, plus anciens sont: un parfaît faible: je *fali* et je *faillis, faillis, faillit,* etc., emprunté à *faillir,* et un parfait fort en -*s* : je *fals* (*faus*), tu *falsis,* il *falst;* n. *falsimes,* etc.; l'imparfait du subjonctif était: q. je *faillisse* et q. je *falsisse* – *fausisse,* ce dernier encore usité au XVIe siècle.

La forme du parfait faible actuel: *fallus, fallut* est relativement récente (XVIe siècle?).

Valoir

Pour valoir, au contraire, on trouve dès les plus anciens temps le parfait faible: *valus, valus, valut,* etc. Mais on a aussi un parfait fort en *-s* : je *vals,* tu *valsis,* il *valst.* Subj. imparf.: q. je *valsisse – vausisse* (encore usité au XVIe s.) et que je *valusse.*

Vouloir

Vouloir avait trois parfaits: 1° je *vol* (*voil*), tu *vols* (*volis*), il *volt;* n. *volimes,* v. *volistes,* il *voldrent;* 2° je *vols,* tu *volsis,* il *volst,* etc. (comme *vals, valsis*); 3° je *voulus,* forme actuelle, qui n'apparaît qu'au XIVe siècle. Il y avait aussi trois imparfaits du subjonctif: *volisse, volsisse–vousisse, voulusse. Vousisse* a duré jusqu'au XVIe siècle.

Pour l'ind. prés., cf. p. 121. Au subj. prés., on a: q je *vueille*; q. nous *voliens,* q. v. *voliez,* qu'il *vueillent.* Les formes actuelles *veuillions, veuilliez* (à côté de *voulions, vouliez*) sont empruntées aux radicaux toniques: q. je *vueille.*

VERBES A PARFAITS FORTS

1re et 2e Catégorie (Parfaits Latins en -i, -si)
Veoir, Seoir Parfait

	plus tard
Je vi (lat. *vidi*)	vis
tu *ve-ïs*	(veis, vis)
il vit	
n. *ve-ïmes*	(veimes, vimes)
v. *ve-ïstes*	(veistes, vistes, vîtes)
il virent	
Je sis	sis
tu *ses-ís, se-ïs*	(seis, sis)
il sist	sit
n. *ses-ímes, se-ïmes*	(seimes, simes)
v. *ses-ístes, se-ïstes*	(sistes, sîtes)
il sis-drent	sirent

Sis vient du lat. vulgaire **sisi* pour **sesi*, mis lui-même pour *sedi*. L'*e* de *sēsī:* est devenu *i* sous l'influence de *i* final.

Imparfait du subjonctif: que je *ve-ïsse* (*veisse* [XVIᵉ s.], *visse*); 2ᵉ p. *ve-ïsses, veisses, visses,* etc.

Que je *ses-isse, se-ïsse* (*seisse*, XVIᵉ s.); etc.

Se-oir, Ass-eoir

Ind. prés.: *j'assiet,* tu *assiez,* il *assiet;* il. *asse-ons,* v. *asse-ez,* il *assié-ent*. Les formes *assois, assoit* sont récentes et ont été tirées du radical de l'infinitif, *asseoir, assoir. Asseyons, asseyez* sont récents aussi. Subj. prés.: que je *m'assié-e* et que je *m'assieye;* auj. que je *m'asseye* ou que je *m'assoie,* forme plus vivante.

Futur: *j'assiérai, assoirai,* formes actuelles. La forme régulière phonétiquement était, dans l'ancienne langue *j'assedrai, asserai*.

Ve-oir

Ind. prés.: je *voi,* tu *vois,* il *voit;* n. *ve-ons,* v. *ve-ez,* il *voient*. Imparfait: je *ve-eie*. Part. passé: *ve-ü, vu, vis* (lat. *visum*). Part. prés.: *veant*. Les composés *prévoir* et *pourvoir* font au futur *prévoirai* et *pourvoirai;* leur parfait était en *-is* : je *prévis,* je *pourvis;* auj. je *prévis,* mais je *pourvus*.

Parmi les autres parfaits en *-s* (latin *-si*) il faudrait citer ici ceux de *vouloir* et de *valoir,* mais cf. *supra,* p. 123. Il y en avait d'autres dans l'ancienne langue: *j'ars* de *ardoir,* etc.

3ᴱ Catégorie: Verbes dont le Parfait Correspond à des Parfaits Latins en -ui

On les classe d'après la voyelle accentuée de leur radical en latin (*a, e, o*).

(A) Radical en -a
Avoir Parfait

J'*oi* (*eus,* forme actuelle, est analogique)
tu *o-üs, e-üs* (*eus*)
il *óut, ot* (*eut* récent et analogique)
n. *o-ümes, e-ümes* (*eumes*)
v. *o-üstes, e-üstes* (*eustes*)
il *ourent, orent* (*eurent*)

Avoir Subjonctif Imparfait
Que j'*o-üsse, e-üsse (eusse)*
que tu *o-üsses, eüsses (eusses)*
qu'il *o-üst, e-üst (eust, eût)*
que n. *o-üssons, -iens; -ions (eussions)*
que v. *o-üssez, -iez (eussiez)*
qu'il *o-üssent, e-üssent (eussent)*

Part. Passé. *O-ü, e-ü (eu).*

Ainsi se conjuguent le parfait et l'imparfait du subjonctif de *savoir*. Je *soi*, tu *so-üs–se-üs*, il *sóut–sot; que* je *so-üsse–se-üsse*, etc.

Avoir

Ind. prés.: j'*ai*, tu *as*, il *a(t)*; n. *avons*, v. *avez*, il *ont*.

Subjonctif présenL: q. j'*aie*, q. tu *aies*, qu'il *aiet, ait* (de très bonne heure); q. n. *aiens–ayons*, q. v. *aiez–ayez*, qu'il *aient*.

Futur-conditionnel: *avrai–avreie, arai–areie*; mêmes formes pour *savoir: savrai–savreie* et *sarai–sareie*. Ce sont les formes usitées jusqu'au XVIe siècle, où elles sont remplacées par *aurai, saurai*, où l'*u*, qui a remplacé le *v*, paraît d'origine méridionale.

Savoir

Ind. prés.: je *sai*, tu *ses*, il *set*; n. *savons*, v. *savez*, il *sevent*. Au XVIe siècle, on écrit *sais, sait*, formes actuelles.

Subjonctif présent: q. je *sache*, q. t. *saches*, qu'il *sache*; q. n. *sachiens – sachions, sachons*, q. v. *sachiez, sachez*, qu'il *sachent*.

Pour le futur-conditionnel, cf. *supra, avoir*.

Che-oir, Choir

Che-oir, Choir (< *cadére* pour *cádere*). Ind. prés.: je *chié(t)*, tu *chiés*, il *chiét*; n. *cheons*, v. *cheez*, il *chiéent*.

Ce verbe avait un parfait faible: je *che-ï*, tu *che-ïs*, il *che-ït*, etc.; d'où l'imparfait du subjonctif: q. je *che-ïsse*, q. tu *che-ïsses*, etc. Le parfait en -*u* était: je *cheu*,[1] tu , *che-üs*, il *cheut*; n. *che-ümes*, etc. Part. prés.: *che-ant*; cf. *éché-ant*. Part. passé: *che-ü, chu*. Futur: *cherrai*.

---

[1] Les formes *cheu* (1 p. sg), *cheut* (3 p. sg.) sont données par Chabaneau (*Hist. de la conj. française*, 2e éd., p. 125), qui ne connaît pas *chui, chut*. Nyrop indique *chui* pour la 1re p. sg.

(B) Radical en -e

Devoir

Ind. prés.: je *doi*, tu *dois*, il *doit*; n. *dev-ons*, v. *dev-ez*, il *doivent*. Imparf.: *deveie*. Subj. prés.: que je *doie*, q. tu *doies*, qu'il *doie*; q. n. *deviens–devons*, q. v. *deviez–devez*, qu'il *doient*; la forme *doive* est moins ancienne et apparaît vers le XIIIe siècle.

	Parfait	
		plus tard
Je dui	n. *de-ümes*	(*deumes, dûmes*)
tu *de-üs*	v. *de-üstes*	(*deustes, dûtes*)
il dut	il durent	

Subjonctif Imparfait. Que je *de-üsse*, que tu *de-üsses*, etc. Part. Passé. *De-ü, dû*.

Verbes en -cevoir (Recevoir, Décevoir, Concevoir, etc.)

Recevoir

Ind. prés.: je *reçoi*, tu *reçois*, il *reçoit*; n. *recevons*, v. *recevez*, il *reçoivent*. Subj. prés.: q. je *reçoive, es, e*; q. n. *receviens*, etc.

	Parfait
Je reçui[1]	n. *rece-ümes*
tu *rece-üs*	v. *rece-üstes*
il reçut	il reçurent

Subj. Imparf. Que je *rece-üsse*, que tu *rece-üsses*, etc. Part. Passé. *Rece-ü, reçu*.

(C) Radical en -o (Mouvoir, Pouvoir, Pleuvir)

Mouvoir

Mouvoir (a. fr. *moveir*, de *movére*). Ind. prés. :je *muef–meuf,* tu *mues*, il *muet;* n. *movons*, v. *movez*, il *muevent*. Subj. prés.: q. je *mueve – meuve;* q. n. *moviens*, etc.

---

[1] Lat. vulg. *recepui pour *recepi* :2e pers. *recepu(i)sti* pour *recepisti*, 3e p. *recé(p)uit* pour *recepit*, etc.

Parfait
plus tard

Je moui	
tu *me-üs*	(*meus, mus*)
il mut	
n. *me-ümes*	(*meumes, mûmes*)
v. *me-üstes*	(*meustes, mûtes*)
il murent.	

Subj. Imparf.: Que je *mo-üsse, me-üsse, musse;* que tu *mo-üsses,* qu'il *mo-üst,* etc.
Part. Passé.: *Mo-ü, me-ü; mû.*

Pouvoir

Pouvoir (lat. vulg. **potére* pour *posse*). Ind. prés.: je *puis* (*peux* est plus récent); tu *pues – peux,* il *puet – peut;* n. *po-ons* (*pou-ons, pouvons*),[1] v. *po-ez,* il *pue-ent.* Subj. prés.: q. je *puisse* (formé sur la 1ʳᵉ p. sg. de l'ind. prés.); q. n. *possiens, possions* (formes modernes *puissions*), etc.

Parfait

Je poi	n. *po-ümes, pe-ümes, pûmes*
tu *po-üs, pe-üs, pus*	v. *po-üstes, pe-ustes, pûtes*
il póut, pot	il póurent (purent)

Subj. Imparfait: Que je *po-üsse* (*pe-üsse, pusse*), que tu *po-üsses,* qu'il *po-üst,* etc.
Part. Passé: *Po-ü* (*pe-ü, pu*).

On remarquera que ces formes sont les mêmes que celles des parfaits dont le radical est en -a (p. 124).

Pleuvoir

Impersonnel. Ind. prés.: il *pluet* (*pleut*). Subj. prés.: qu'il *plueve* (*pleuve*). Parfait: il *plut* et il *plóut.* Subj. imparf.: qu'il *ple-üst.* Part. passé: *plo-ü, ple-ü, plu.*

---

[1] Les formes avec *v* apparaissent au XIIIᵉ siècle; mais elles ne deviennent courantes qu'au XVᵉ.

Conjugaison de Etre

Indicatif Présent

Je *sui*	n. *somes*
tu *es, its*	v. *estes*
il *est*	il *sont*

Sui correspond au latin vulgaire *sui au lieu de *sum*,
A la 2ᵉ pers. *ies* est une forme tonique (d'où la diphtongue), *es* une forme atone. Au pluriel, 1ʳᵉ p., *somes* est la forme la plus ancienne: on trouve aussi *sons* (qui a servi à former la 1ʳᵉ p. plur. du présent de l'indicatif des autres verbes) et *esmes*, formé d'après *estes* (?).

Imparfait

J'*ere, iere* (lat. *eram*)	n. *eriens*
tu *eres, ieres*	v. *criez*
il *eret, ieret* (et *ert*)	il *erent, ierent*

Eriens et *eriez* ne renvoient pas directement au latin *eramus, eratis;* ces formes ont pris la terminaison des imparfaits des autres conjugaisons; aux trois personnes du singulier et à la 3ᵉ du pluriel, accentuées sur le radical, on a des formes diphtonguées et des formes où *e* n'a pas subi la diphtongaison.
A partir du XIVᵉ siècle, *estoie* (de *estre*) remplace *ière*.

Parfait

Je *fui*	n. *fumes*
tu *fus*	v. *fustes*
il *fut*	il *furent*

Fui est devenu *fus* par analogie des autres parfaits en *-us*.

Imparfait de Subjonctif
Q. je *fusse, fusses*, etc. (du latin *fūssem pour *fuissem*).

Futur

J'*ier* (lat. *ero*)	n. *ermes*
tu *iers*	v. *ertes*
il *iert, ert*	il *ierent*

Formes analogiques: je *serai*, formée d'après **essere, habeo, esserayo, serayo*, et *estrai*, sur *estre*.

Conditionnel

Je *sereie (seroie)*   n. *seriiens*
tu *sereies*   v. *seriiez*
il *sereiet, sertit*   il *sereient*

Autre forme du conditionnel: *estreie*, formé sur *estre*.

Subjonctif Présent

Que je *seie*   que n. *seiens*
que tu *seies*   que v. *seiez*
qu'il *seiet, seit*   qu'il *seient*

Le latin classique *sim* (pour *siem*) était devenu en latin vulgaire *siam, sęam*, d'où *seie*, plus tard *soye, soie* et *sois*, par analogie de là 2ᵉ p. sg. *Se-iens, se-iez* sont composés du radical atone *se* et de la terminaison *iens, iez* des subjonctifs.

Impératif
Seies; seiens, seiez, formes du subjonctif.

Participe Présent
Estant (de *stantem*).

Participe Passé
Esté (de *statum*).[1]

---

[1] Il a existé pour ce verbe un reste du plus-que-parfait latin: *furet* (da *fuerat*), il avait été: on a de même *avret*, de *habuerat*; ces formes (et quelques autres) sont d'ailleurs très rares.

CHAPITRE 7
Adverbes, Prépositions, Conjonctions, Négations, Interjections

ADVERBES

Il y a deux points importants à relever dans la formation des adverbes: la formation avec le mot latin *mente*, devenu le suffixe *-ment* en français, et l'addition aux adverbes de *s* dite adverbiale.

La formation avec *mente* est commune à toutes les langues romanes, le roumain excepté: *bellement, bonement, malement, largement, longuement, franchement*, etc.; avec des adjectifs de la 2ᵉ déclinaison: *coralment, for(t)ment, granment* (mod. *grandement*), *loyalment, roialment*, etc.

Aujourd'hui certains de ces adverbes ont donné à l'adjectif la forme féminine: *grandement, fortement*, mais la plupart, formés avec des àdjectifs en *-ent* ou *-ant* (participes), ont gardé l'adjectif invariable et, dans ce cas-là, il s'est produit une assimilation: *innocent[1]-ment > innocen-ment > innocemment; prudent-ment> pruden-ment, prudemment: constant-ment > constamment; incessamment*, etc. De là les adverbes actuels terminés en *-emment* ou en *-amment*.

S se trouve en ancien français dans des adverbes provenant d'adverbes latins terminés par *s* : *mais < magis, plus, fors < foris*. De là *s* est passée à d'autres formes d'adverbes ou de prépositions: *sine + s > sans, onques, avuecques, guères, sempres, tandis, jadis*.

Parmi les locutions adverbiales, citons celles qui sont formées avec la préposition à et un nom en *on* au pluriel : *a talons, a, tatons, a genouillons, a chevauchons, a reculons, a ventrillons* (couché sur le ventre), *a reüsons* (sur le dos), *a cropetons*, etc.

---

1 *T* entre deux consonnes doit tomber; l'ancienne langue écrivait: un *enfant*, des *enfans*. etc.

PRINCIPAUX ADVERBES

Lieu

Lieu où l'on est: *ici, ci* < *ecce hic; ça* < *ecce hac; là* < *illac; où* < *ubi*.

Lieu d'où l'on vient: *dont* < *de unde;* **Ex:** *dont venezvous?*

Y < *ibi* et *en* < *inde* sont des adverbes de lieu, mais ils sont aussi pronoms: j'y *pense, j'en parlerai*.

Céans et *léans* (*ecce hac intus, illac intus*) sont restés vivants jusque dans la langue moderne.

Sus (*sursum* devenu *susum*) signifiait *en haut, jus, en bas* (*jus* vient de *deorsum* > *diosum* > *josum* et *jusum* par analogie de *susum*). Composé: *dessus. Dessous* < *de subtus*.

Enz < *intus; dedans* < *de de intus*.

Hors < *foris; dehors;* cf. encore les prépositions.

Temps

Hui < *hodie; hier* < *heri; demain* < *de mane*. Autres adverbes: *encui* < *hinc hodie,* aujourd' hui, *anuit* (< *hac nocte?*),[1] cette nuit; *main* < *mane,* matin; *oan, ouan-* (< *hoc anno*), cette année.

Ains, ainçois < **antius,* avant < *ab ante,* auparavant;[2] *onc, onques* < *unquam + s;* jamais. *Ja, ja mais,* même sens.

Ore, ores, or < *ad hora,* maintenant; composés: *encore* < *hinc ad hora; désormais*> *de ex hora magis, deslor,* etc. *D'ores en avant* est devenu *dorénavant. Alors, lors* (< *ad illa hora + s*).

Maintenant < *manu tenente*.

Endementres (< *in dum interim + s*), pendant.

Cf. encore: *sovent* < *subinde; sempres* < *semper+s,* aussitôt; *adès* < *adde ipsum?,* bientôt; *todis,* pour *tous dis,* toujours; *pieça ,*pour *piece a,* ensuite, etc.

Quantité

Molt (< *multum*), beaucoup. *Tres* (< *trans*), au delà; *trestout* < *trans totum,* complètement. *Par* (*per*), beaucoup: *Tant par fu bels* = il fut très beau; on le rencontre surtout avec le verbe *estre* (*par estre*).

Beaucoup (*beau coup*) a pour équivalent *grand coup;* ces deux adverbes sont essentiellement du moyen français, quoiqu'on les rencontre déjà chez Joinville.

---

1   Ou plutôt *ad noctem?*
2   *Auparavant* est composé lui-même de *par avant* précédé de l'article contracté *au*.

Guères (germanique *waigro*) signifie *beaucoup; assez* a souvent le même sens.

Trop marque souvent la grande quantité[1] et non l'excès, comme aujourd'hui.

Peu se disait *pou*, plus tard *peu*, et *alques–auques* (*aliquid + s*).

L'idée de *plus* s'exprimait par *plus* et par *mais;* cf. encore l'expression: *n'en pouvoir mais.*

Tant < tantum; composés: *autant* et *autreant.*

Manière

Si < sic, ainsi; composés: *ainsi* (*ac sic*?), *alsi* (*alid* pour *aliud, sic*) devenu *aussi; altresi* (*alterum sic*); *alsiment, altressiment, ensement.*

Comme, comment (*quomodo, quomodo + mente*).

PRÉPOSITIONS

Elles proviennent de plusieurs sources: prépositions latines, adverbes employés en fonction de prépositions, participes et substantifs.

(1) Prépositions Simples[2]

Ad > a. C'est la préposition qui a eu les sens les plus variés dans l'ancienne langue. Cf. la Syntaxe.

Apud > od et *o,* avec.

Contra> contre.

De > de.

Extra > estre.

In> en.

Inter> entre.

Juxta > joste, jouste.

Per > par.

Post (ou plutôt **postius*), *puis* (préposition et adverbe en a. fr.).

Pro (influencé par *per*) *> pour.*

Sine + s > sans.

Super> soure, sur.

Trans > tres, au delà.

Ultra > outre.

---

1 Sens qu'il a encore au XVIIe siècle.
2 Les formes latines sont données les premières.

Versus > vers.

(2) Prépositions Composées (en latin vulgaire)
Ab ante > avant.
De ab ante > devant.
De ex > dès.
De usque, devenu diusque > dusque, jusque.
In versus > envers.

(3) Adverbes
Foris> fors, hors.
De intus > dans.
Intus > enz.
Intro usque > irosque, tresqui, jusque.
Retro > riedre, ritre, a rière (*ad retro*).
Subtus > sotz, sous.
Sursum > susum > sus et composés.

La langue française a formé d'autres composés, surtout avec *de: dessus, dessous, dedans, derrière, devers,* etc., qui étaient prépositions en même temps qu'adverbes.

(4) Participes Présents
Durant, moyennant, nonobstant, pendant, suivant, touchant. Peu fréquentes dans l'ancienne langue, ces prépositions proviennent de la langue du palais et de la chancellerie.

Participes passés: *hormis, excepté,* etc.

(5) Substantifs
Chez (probablement de *casis*, abl. pluriel de *casa*); *lez* (*latus*), près de; composés: *en torn,* autour de; *environ* (de *in* + * *gironem*, de *girus*, tour), etc.

CONJONCTIONS

Conjonctions de coordination: *et* et *ne, ni* (lat. *nec*).

Pour *et* on trouve souvent *si* (*sic*). *Ni* répété peut avoir quelquefois un sens dubitatif plutôt que négatif; cf. la Syntaxe, p. 214.

Plusieurs des principales conjonctions latines de subordination se sont perdues, comme *ut* et *cum*.

Quando a persisté, *quomodo* également (*comme*); *si* est devenu d'abord *se*, puis *si* a été rétabli sous l'influence de l'étymologie ou par suite de phonétique syntactique (*s'il* vient); *quare* est devenu *car* et a formé une conjonction de coordination.

La conjonction par excellence des langues romanes provient du latin *quid* (plutôt que de *quod*). Elle a servi à former un très grand nombre de conjonctions nouvelles dont voici les principales:

> *A ce que,* afin que.
> *Ains, ainçois que,* avant que (**antius quid?*).[1]
> *Combien que,* quoique.
> *Dès que* (*de ex quid*).
> *Excepté que* (*excepto quid*).
> *Pendant que.*
> *Pour que* (*pro quid* au lieu de *per quod*).
> *Puisque* (*post quid,* au lieu de *postquam*), au début conjonction de temps.
> *Quoique* (*quid quid*).[2]
> *Selon que,* etc.

Il y a des conjonctions encore plus complètes dont le procédé de formation est visible: *jusqu'à ce que, par ce que, pour ce que, en ce que; a fin que, a celle fin que* (auj. *à seule fin que*), *jaçoit que* (= *ja soit que*).

Pour le classement des conjonctions, voir les grammaires élémentaires.

NÉGATIONS

En latin on avait *non* et *ne,* ce dernier mot marquant surtout la défense négative.

Non est seul resté en français avec la conjonction disjonctive *ni* < *nec.*

Non s'est d'abord affaibli en *nen* : cf. *infra nennil; nen* lui-même s'est affaibli en *ne,* par suite de son emploi comme atone.

---

1 Nous mettons entrè parenthèses les formes latines d'où les conjonctions dérivent.
2 Lat. vulg. *quęd quęd,* le premier *ę* (fermé) accentué devient régulièrement *ei–oi*. Le second atone n'est pas diphtongué.

La plupart des mots négatifs latins ont disparu, sauf l'adverbe négatif *nunquam* qui a donné *nonque* + *s*, remplacé bientôt par *ja mais* (de *jam magis*).

Nesun < *ne ipsum unum* signifie: *pas un*.

A côté de *nullus*, il a existé, en latin vulgaire, une forme *aliqunus* qui a donné *alcun, aucun,* mais qui n'a pris le sens négatif qu'avec *ne*. Cf. *supra*, Pronoms Indéfinis, p. 91.

Pour le neutre on emploie *rien*.[1] Ce mot ne s'employant guère qu'avec des verbes accompagnés d'une négation finit par prendre le sens négatif.

Les termes qui complètent la négation sont nombreux en ancien français; on employait des mots désignant de petites choses, des fruits: *alie, cenelle, fie, nois, pomme, espi, festu; mie, goutte, pas* et *point* ont seuls survécu.

Néant (anciennes formes *nient, noient*) paraît provenir de *ne·inde* ou peut-être de *ne gentem*.

Réponse Affirmative ou Négative

La réponse affirmative se faisait ordinairement par *o* et aussi par l'expression *o il*,[2] en sous-entendant le verbe de l'interrogation : *vient-il? o il* [vient]; *boit-il? o il* [boit], etc. Les deux éléments s'étant soudés on a eu *oïl*, puis par amuïssement de *l* final et passage de *o* protonique à *ou* la forme actuelle *oui*.

La réponse négative se faisait par *non* ou *non il*, qui est devenu *nen il*, puis *nenni*, avec chute de *l* et redoublement de *n*: La prononciation actuelle est *nani;* mais beaucoup de patois ont la prononciation *nã-ni;* on entend également *nènni*, avec *e* ouvert.

On pouvait répondre aussi: *o je* (avec le pronom de la première personne) et *naje* (pour *non je*). Mais ces expressions sont plus rares et n'ont pas survécu.

On pouvait aussi répondre par *si*, soit seul, soit suivi du verbe *faire* à un mode personnel: *si faz* (1re p. sg ind. prés.), *si fait* (3e p. sg. ind. prés.), *si faisons, si ferons,* etc.

Enfin on pouvait répondre par des adverbes d'affirmation comme: *certes, voire*.

---

1 *Rien* signifiait au début, conformément à son étymologie (*rem*), *chose:* une *riens* = une chose.
2 *Hoc illī* (pour *ille*); *non il* = *non illi*.

INTERJECTIONS

Les interjections marquant divers mouvements de l'âme, comme la joie, la douleur, la colère, etc., le nombre des mots qui peuvent exprimer ces «passions» est assez grand. Leur étude est d'ailleurs du domaine de la grammaire élémentaire ou du lexique. Citons cependant l'expression *hélas!* qui, composée avec une interjection et un adjectif variable, devient *hé lasse,* dans l'ancienne langue, quand c'est une femme qui parle.

Aïe signifie *aide.*

Da, que l'on a dans *oui-da,* vient des deux impératifs accolés *di-va.*

Autres interjections: *ah! bah! ouais!* Onomatopées: *pif, paf, pouf!* Impératifs: *tiens, allons; gare.* Noms: *Silence! Peste! Paix!*

TROISIÈME PARTIE
SYNTAXE

CHAPITRE 8

Syntaxe de l'Article, du Nom, de l'Adjectif, du Pronom

La syntaxe française a été fixée au XVIIe siècle, on sait à la suite de quelles polémiques et de quelles discussions. La syntaxe de la langue du moyen âge ne connaît pas les règles rigoureuses établies par les grammairiens modernes. Mais il y a des usages et des habitudes auxquels les écrivains de cette époque se conforment: ce sont les principaux de ces usages syntaxiques que nous allons relever.

Ce qui caractérise cette syntaxe de la langue du moyen âge, c'est une très grande liberté. Aussi ne saurait-il être question de règles au sens moderne du mot.

Ces «règles» sont loin d'être absolues; elles ne sont pas appliquées d'une manière uniforme et les «exceptions» sont quelquefois fort nombreuses. C'est en se souvenant de cette observation importante qu'on devra entendre les «règles» de syntaxe que nous allons expos6er. Elles sont plutôt une façon de parler, un usage plus fréquent que l'usage contraire.

D'autre part la littérature du moyen âge étant surtout l'œuvre des clercs, toute influence savante est loin d'être exclue. Cette influence s'exerce surtout dans les traductions, les paraphrases des ouvrages religieux; elle est sensible dans quelques tournures syntaxiques qui rappellent la syntaxe latine.

Enfin on remarquera que beaucoup d'anciennes constructions se sont maintenues dans la langue moderne, du moins dans celle du XVIe et du XVIIe siècles. Comme nous n'avons pas eu l'intention d'écrire l'histoire de la langue, nous nous sommes contenté de signaler les principales de ces survivances. Elles suffiront à illustrer une fois de plus cette vérité si souvent exprimée – et si peu admise par certains esprits – que la langue classique ne se comprend bien – et ne s'explique – que si on connaît la langue ancienne. Aucun disciple attardé de Malherbe ou de Boileau ne serait plus excusable de croire le contraire.

Nous avons pris nos exemples de préférence dans les œuvres suivantes: *Vie de Saint Alexis*,[1] *Pelerinage de Charlemagne*, *Chanson de Roland*,[2] *Chastelaine de Vergi*:[3] c'est à la *Chanson de Roland* que nous nous sommes référé le plus souvent.

ARTICLE

Article Défini

On a vu dans la Morphologie que l'article défini provient du pronom démonstratif latin *ille, illa*. Le souvenir de cette origine fuit que, aux débuts de la langue, l'article n'est employé que pour déterminer avec précision un objet.

D'une manière générale l'article est d'un emploi beaucoup moins fréquent dans la langue ancienne que dans la langue moderne.

Omission de l'Article devant les Noms Abstraits

Ainsi, en général, l'article n'est pas employé devant les noms abstraits.

Ex: *Pechiez le m'at tolut.* (*Alexis*, 108)
Le péché me l'a enlevé.
En icest siecle nos achat pais et joie! (*Ibid.*, 623)
Qu'en ce monde il nous procure paix et joie!
Foys et creance estoit une chose ou... (Joinville, 45a)
La foi et *la* croyance...
Li rois ama tant verité. (Id.)
Le roi aima tant *la* vérité.

---

1   Composée vers 1040; éd. Gaston Paris et M. Roques (*Classiques français du Moyen-âge*).
2   Texte du manuscrit d'Oxford, publié par G. Grœber (*Bibliotheca Romanica*. nos 53–54). Nous y avons introduit quelques modifications surtout orthographiques.
    La *Syntaxe* de l'*Essai de Grammaire de l'ancien français* de E. Etienne abonde en observations ingénieuses fondées sur l'étude de textes nombreux: nous nous en sommes servi avec fruit pour cette partie de notre travail.
    Les exemples concernant le XVIe siècle sont empruntés en général à: Darmesteter et Hatzfeld, *Le XVIe siècle en France*, 1re éd., Paris, 1878.
    Plusieurs exemples sont empruntés à la *Chrestomathie da moyen âge* de Gaston Paris et Langlois (4e éd., 1904), dont l'introduction contient de précieuses notes de syntaxe.
    Pour le XVIIe siècle nous nous sommes servi de: Haase, *Syntaxe française du XVIIe siècle*, trad. Obert, Paris, 1898, ainsi que de la *Grammaire historique* de M. F. Brunot et de l'*Histoire de la langue française* du même auteur, Tome IV (Paris, Colin, 1913). Le tome 1 du même ouvrage nous a fourni aussi d'intéressants exemples et de précieuses observations. On trouvera des renseignements bibliographiques complets dans l'ouvrage suivant: Horluc et Marinet, *Bibliographie de la Syntaxe du français*, Lyon–Paris, 1908.
3   *Classiques français du moyen-âge.*

C'est ainsi que l'ancienne langue disait: *avoir honte, avoir peur, avoir faim, avoir guerre; faire, donner bataille, faire justice, tort, paix; faire guerre; dire vérité; donne victoire, esmouvoir guerre, faire fidélité; porter foi,* etc.

La syntaxe moderne a conservé cet usage dans des cas assez nombreux où un nom abstrait (plus rarement concret) est complément direct d'un verbe, surtout des verbes *avoir, donner, faire, prendre: avoir tort, faire tort; avoir honte, faire honte; prendre fait et cause, prendre rang; donner tort, gain de cause; livrer bataille,* etc.

L'article est en général supprimé devant les noms abstraits dans les proverbes ou les sentences. Cet usage s'est également maintenu dans la syntaxe moderne.

Ex: *Coroz de rei n'est pas gieus de petit enfant.*
(*Vie de S. Thomas,* 1625)
Courroux de roi n'est pas jeu d'enfant.
*Patience et longueur de temps
Font plus que force ni que rage.* (La Fontaine)

Cf. *Pauvreté n'est pas vice.*

Omission de l'article apres les Prépositions

Après certaines prépositions, surtout après *à, en, contre, par,* l'article est ordinairement omis. On disait: *en champ; en maison; contre mont; a val; a mont; en ciel; estre a cort* (= être à *la* cour); *aler par terre et par mer,* etc. Il est resté des traces de cet usage dans la langue moderne: *être bien en cour, par terre et par mer, en temps et lieu, être sur pieds, en chambre de conseil;* au XVIe siècle on disait: *en Parlement.*

Article devant les Noms Propres

L'article est généralement omis devant les noms de pays.

Ex: *A remembrer li prist .....
De douce France.* (*Rol.* 2377–79)
Il se mit à se souvenir de *la* douce France.
Envers Espaigne en at tornét son vis. (*Rol.,* 2376)
Du côté de *l'*Espagne il a tourné son visage.
Vers Orient, vers Occident.

Devant les noms de peuples, ainsi que devant *paien, crestien* (au pluriel), l'article est omis dans les plus anciens textes.

Ex: *Paien s'enfuient;* les Païens s'enfuient.
Païen s'adobent d'osbers sarrazineis. (*Rol.*, 994)
Les Païens se revêtent de hauberts sarrasins.

L'emploi de l'article devant les noms de peuples est rare au XIIe siècle; il devient beaucoup plus fréquent au XIIIe siècle, surtout en prose. Cf. encore dans Villon: *Jehanne la bonne Lorraine – Qu'Englois brûlerent* à *Rouen*.

Pour les noms de rivières l'usage général est qu'ils prennent l'article, sauf quand ils sont précédés des prépositions *de* ou *sur. La riviere de Saône, le fleuve de Jourdain, une cité sur Seine*.

Les mots comme *ciel, terre, paradis, enfer, diable, nature, fortune, nuit, jour, di* (jour), ne prennent pas ordinairement l'article. Ils sont traités comme des noms propres.

Ex: *De Paradis li seit la porte overte.* (*Rol.*, 2258)
Du Paradis lui soit la porte ouverte.
*Elle vouloit dou feu ardoir Paradis et de
    l'yaue esteindre Enfer.* (Joinville, 445e)
On disait *en Paradis*, comme *en enfer*.

Article dans les Énumérations

Comme dans la syntaxe moderne l'article est ordinairement omis dans les énumérations. Mais il peut aussi être exprimé, ou n'être exprimé que devant le premier nom.

Ex: *Ad or fin sont les tables et chaièdres et banc.*
(*Pèlerinage*, 344)
Les tables, chaises et bancs sont d'or fin.

Article après l'Adjectif Tout

Enfin l'article défini est ordinairement supprimé après l'adjectif indéfini *tout*, surtout employé au féminin ou au masculin pluriel. On disait: *tote gent* (tout le monde), *totes terres* (toutes les terres), *tote nuit* (toute la nuit), etc. Cf. *infra*, Pronoms Indéfinis.

Ex: *De trestoz[1] reis vos present les corones.* (*Rol.*, 2625)
De tous les rois je vous présente les couronnes.

Article Employé comme Pronom Démonstratif

Parmi les emplois de l'article propres à la langue du moyen âge, il faut citer le suivant. L'article défini peut remplacer un pronom démonstratif devant un substantif qui lui sert de complément.

Ex: *Al tems Noe et al tems Abraam
Et al David.* (*Alexis*, 5)
A l'époque de Noé, à *celle* d'Abraam et à *celle* de David.
*Par LA[2] Charlon dont il odit parler,
La soe fist Preciose apeler.* (*Rol.*, 3145)
C'est-à-dire: «pour *celle* (l'épée) de Charles dont il avait entendu parler, il fit appeler la sienne Précieuse.»
N'i troverent défension fors sol LA Deu. (*Livres des Rois*)
Ils n'y troùvèrent d'autre,défense que *celle* de Dieu.

Pour l'emploi des démonstratifs en fonction d'article, cf. *infra*, p. 158.

Lorsque le complément déterminatif d'un nom est *cui* (cas régime de *qui*, cf. *infra*), ce nom, qui est d'ailleurs placé après *cui*, ne prend pas ordinairement d'article.

Ex: *Godefrois, cui anme soit sauvée.*
(*Roman de Bauduin de Sebourc*, XXV, 64)
Godefroy, dont l'âme soit sauvée!
Je ving au conte de Soissons cui cousine germainne j'avoie espousée. (*Joinville*, 238)

On trouve encore dans Joinville des exemples comme le suivant: *le roi de France cui cosins il ere* (42 e); *en cui garde* (112 g), etc.

Article devant les Superlatifs

Quand le superlatif formé avec *plus, moins, mieux* se trouve âprès le substantif (ou un pronom), l'article est généralement omis. Il en est de même pour les superlatifs des adverbes.

---

1 Composé de *tres* et de *tot* (lat. vulg. *trans totum*, au delà de tout).
2 Sous-entendu: *espede*.

Ex: *Ad un des porz qui plus est près de Rome.* (*Alexis*, 196)
A un des ports qui sont le plus près de Rome.
Par les sainz que Dieu a plus amez. (*Aimeri de Narbonne*)
Par les saints que Dieu a le plus aimés.
Ce fut cil qui plus noblement arriva. (Joinville, 158)

On disait de même: *plus tost qu'il pot* = le plus tôt qu'il put.[1]
Au XVIe siècle on hésite entre l'emploi de l'article devant les superlatifs de ce genre et son omission. Du Bellay dira indifféremment:

L'enfant cruel de sa main la plus forte. (I, 115)
Car le vers plus coulant est le vers plus parfait. (II, 69)
C'est la beste du monde plus philosophe. (Rabelais, I, *Prol.*)

Au XVIIe siècle les exemples de cette construction sont encore abondants.[2]

Ex: *Mais je vais employer mes efforts plus puissans.*
(Molière, *Etourdi*, V, 7, 1889)
Le remède plus prompt où j'ai su recourir.
(Molière, *Dépit amoureux*, III, 1780)

Après 1650, sous l'influence de Vaugelas, l'emploi de l'article est de règle.

Article devant les Adjectifs Possessifs

Les adjectifs possessifs accentués prenaient ordinairement l'article: *la meie mort; li miens fredre; li suens parentez*, etc. Cf. *infra* Pronoms et Adjectifs Possessifs.

Article avec les Noms de Nombre

La construction *Des trois les deux sont morts* (Corneille) date de l'ancienne langue, où l'article «est de rigueur devant un nombre désignant une partie déterminée d'un tout».[3]

---

1 On lit dans Villon: *Passez-vous en mieulx que pourrez.* (*Grand Testament*, 346).
2 Cf. Haase, *Syntaxe française du XVIIe siècle*, § 29 A.
3 G. Paris, *Chrestomathie de l'ancien français*, p. LXI.

Ex: *Des doze pers les dis en sont ocis.* (Rol., 1308)
Sur les douze pairs dix sont morts.
Et tuit nostre homme sont si las, par ma foi,
Que une femme ne valent pas li troi. (Aimeri de Narbonne)
Li dui tournoient les testes arieres et li ainsnez aussi.
(Joinville, 526 c)
Deux tournaient leurs têtes en arrière et l'aîné aussi.
Ensi fut devisez li assauz que les trois batailles des set garderoient l'ost par defors et les quatre iroient à l'assaut. (Vilehardouin)
L'assaut fut ordonné ainsi: trois corps sur sept garderaient l'armée contre une attaque du dehors et quatre iraient à l'assaut.

Article Indéfini

L'article indéfini *un* se rencontre quelquefois dans les plus anciens textes, surtout devant les noms concrets, mais en général il est omis, principalement dans les cas suivants: après les verbes *estre, paraistre, devenir*: *riches hom fu* (Alexis, 14); après des termes de comparaison: *si fait droite sa reie come ligne qui tent* (Pèlerinage, 297) (= il fait son sillon droit comme *une* ligne qui se tend); après une proposition négative et surtout après des adverbes négatifs comme *onques, jamais* (c'est encore la règle aujourd'hui).

Ex: *Tenez mon helme, oncques meillor no vi* (Rol., 629).
Tenez mon heaume, je n'en vis jamais de meilleur.

Même en dehors de ces cas particuliers l'omission de l'article indéfini[1] est la règle, surtout au pluriel et devant des noms abstraits.

Ex: *Sur palies blancs sièdent cil chevalier.* (Rol., 110)
Les chevaliers sont assis sur des tapis blancs.
Enz en lor mains portent branches d'olive. (Rol., 93)
Entre leurs mains ils portent des branches d'olivier.

Omission devant un nom abstrait:

---

[1] Le pluriel de l'article indéfini *un* a été remplacé dans la langue moderne par *des*, qui est le pluriel de l'article partitif.

> *Ensemble ot lui grant masse de ses homes.* (*Alexis*, 214)
> Avec lui *une* grande masse de ses hommes.
> *Dame, dist-ele, jo ai fait si grant perte.* (*Alexis*, 148)
> Dame, dit-elle, j'ai fait *une* si grande perte.
> *Sor piez se drecet, mais il at grant dolor.* (*Rol.*, 2234)
> Il se dresse sur pieds, mais il a *une* grande douleur.

Article Partitif

L'article partitif est très rare dans l'ancienne langue (on n'en trouve pas d'exemple au XIe siècle) et il ne commence à être fréquent qu'au XVe siècle. On l'employa d'abord avec des substantifs compléments. On disait au XIe siècle: *manger pain, manger viande, boire vin; ne faire mal; avoir dommage*, etc.

Au XVIe siècle l'omission de l'article partitif est encore fréquente.

> *Ils leur disent injures.* (Ronsard, *Elégies*, XXX)
> *On sème contre icelle horribles rapports.*
> (Calvin, *Inst. Chrét.*, Préf.)

Le nouvel usage s'établit au XVIIe siècle; mais les exemples d'omission ne sont pas rares, du moins au début du siècle.

Ex: *Je voulais gagner temps pour ménager ta vie.*
(Corneille. *Polyeucte*, V, 2, 1875)
Il avait vu sortir gibier de toute sorte. (La Fontaine, IV, 16)[1]

Substantifs
Emploi de Cas

Le cas-sujet s'emploie non seulement en fonction de sujet, mais aussi d'attribut, avec les verbes à forme ou à sens attributifs: *être, devenir, paraistre, s'appeler, avoir nom, se faire*, etc.

Ex: *Jo ai nom Charlemagnes.* (*Pèlerinage*, 307)
Quand Rollanz veit que bataille sera
Plus se fait fiers que leon ne leupart. (*Rol.*, 1110)
Quand Roland voit qu'il y aura bataille,
    il se fait plus fier que lion ni léopard.

---

1   Cf. Haase, *Synt. Fr.*, § 117.

> *Li Empereres se fait e balz e liez.* (*Rol.*, 96)
> L'empereur se fait joyeux et content.
> *La voldrat il crestiens devenir.* (*Rol.*, 155)
> La il voudra devenir chrétien.

Voici l'attribut au cas-régime:

> *Uns Sarrazins… sefeinst mort.* (*Rol.*, 2275)
> Un Sarrasin… se feignit mort, fit semblant d'être mort
> (lat. *Unus… se finxit mortuum.*)

C'est l'existence du cas-sujet et du cas-régime qui permet à l'ancienne langue une très grande liberté dans l'ordre des mots.

Substantifs Attributs

Dans l'expression *c'est* une *bonne chose que la paix, la paix* forme le sujet réel, comme on le voit dans la tournure suivante, qui a le même sens: *la paix est une bonne chose*. L'ancien français disait ordinairement, dans ce cas: *bonne chose est de la pais*, la *de* marquant l'origine, le point de départ. De là les tournures modernes avec un infinitif: *c'est une honte de mentir, c'est une foie de… c'est un jeu de…*, etc.

Autres exemples: *granz tresors est de la santé; noble ordene est de chevalerie; moult est male chose d'envie; de vostre mort fust granz damages*, etc. Même emploi au XVIIe siècle.

> *Un homme qui ne sçait que c'est* de *science.* (Malherbe, II, 355)
> *Je sais ce que c'est d'amour et le dois savoir.* (La Fontaine, *Psyché*)
> *Qu'est-ce* de *la vie? Qu'est-ce que de nous?* (Bossuet)

Cf. les expressions: *si j'étais que de vous, si j'étais de vous*. Dans cet emploi *de* a été remplacé par *que*, ou il s'est maintenu précédé de *que*.[1]

Le substantif attribut est souvent précédé de la préposition *a* (fr. moderne *pour*); cet emploi a duré jusqu'au XVIIe siècle.

---

[1] Cf. Haase, *Synt. Fr.*, § 107.

Ex : Avoir a feme; eslire a empereor; coroner a empereor; recevoiz a seignor ; se tenir a honi ; retenir a ami; prendre a feme, etc.
Ancui sera coronez al moutier
Ses filz a rei. (*Cour. de Louis,* 1532)
Aujourd'hui, au moûtier, son fils sera couronné roi.
Les plus grands y tiendront votre amour à *bonheur.*
(Corneille, *Polyeucte,* II, 1.)
Cf. aujourd'hui : *prendre à témoin.*

Compléments Déterminatifs sans Préposition

Le substantif désignant une personne ou une chose personnifiée, complément déterminatif d'un nom (joint aujourd'hui au nom précédent par la préposition *de* et quelquefois *à*) se met ordinairement *au cas régime sans préposition;* il peut précéder le nom déterminant, mais ordinairement il le suit. Cette construction qui rappelle le génitif latin (*le peuple Dieu: populus Dei*)[1] est un des traits les plus caractéristiques de l'ancienne langue.

Ex : *Li doi serjant son pedre.* (*Alexis,* 117)
Les deux serviteurs *de* son père.
Ne creit en Deu le fil Sainte Marie. (*Rol.,* 1634)
Il ne croit pas en Dieu, le fils *de* Sainte Marie.
Ma mere arsistes en Origni mostier. (*Raoul de Cambrai,* 2271)
Vous brulâtes ma mère au moûtier d'Origny
 (nom propre traité comme un nom de personne).

On disait de même : *le gonfanon le roi* = le gonfanon *du* roi; *un dent Saint Pierre* = une dent *de* Saint Pierre; *la mort Roland* = la mort *de* Roland; *li angeles Deu* = l'ange *de* Dieu; *la volonté le roi* = la volonté *du* roi; *l'hostel le duc* = l'hôtel *du* duc, etc., etc. On disait même : *Franc de France repairent de roi cort,* avec suppression des deux articles.[2]

Cette tournure, si fréquente en ancien français, disparaît au XIVe siècle. La langue moderne en a cependant conservé des traces, dans des expressions comme : *Hôtel Dieu, Fête-Dieu, bain-marie,*

---

1 En réalité *populus Deo* en latin vulgaire, la forme du génitif ayant disparu.
2 Peut-être doit-on rapporter au même usage des expressions comme : en *yver tens,* en *esté tens,* au temps d'hiver; au temps d'été.

Bois-le-Comte (et autres formations semblables), *Choisy-le-Roi, morbleu* (= *mort Dieu*), etc.

La relation de parenté peut être marquée, entre deux substantifs par *a*. Ex. *Fille ad un conte* (*Alexis*, 42); fille *d'*un comte.

Substantifs Compléments Indirects sans Préposition
Un substantif complément indirect est joint souvent à un verbe sans préposition.

Ex: *Li nons Joiose l'espede fu donez.* (*Rol.*, 2508)
Le nom *de* Joyeuse fut donné a l'épée.
Mandez Carlon, a l'orgoillos, al fier. (*Rol.*, 28)
Mandez à Charlemagne, à l'orgueilleux, au fier.
Ne bien ne mal ne respont son nevout. (*Rol.*, 216)
Ni bien ni mal il ne répond *à* son neveu.
Por ses pechiez Dieu porofrit le guant. (*Rol.*, 2365)
Pour ses péchés à Dieu il offrit le gant.[1]
Cest mien seignor en bataille faillirent. (*Rol.*, 2718)
Ils faillirent à mon seigneur en la bataille.
Mon seignor dites qu'il me vienge veoir. (*Rol.*, 2746)
Dites *à* mon seigneur qu'il vienne me voir.
L'amirail dites que son host i ameint. (*Rol.*, 2760)
Dites *à* l'amiral qu'il y amène son armée.

Cet emploi, fréquent au début de la langue, devient plus rare après le XIe siècle et disparaît après le XIVe. Il s'est maintenu avec les pronoms personnels placés immédiatement devant le verbe: *il me dit, je lui enleve, il se parle.*

Substantif Complément d'un Verbe de Mouvement
Un substantif peut être employé comme complément circonstanciel sans préposition avec des verbes de mouvement (verbes neutres).

Ex: *Tant chevalchierent et veies et chemins.* (*Rol.*, 405)
Ils chevauchèrent tant par voies et par chemins.
D'enz de la sale uns veltres avalat
Qui vint a Charle les galos et les salz. (*Rol.*, 731)

---
[1] Au vers 389 on trouve, avec la même formule, *a Deu*.

De dans la salle un chien de chasse descendit; qui vint vers Charles en galopant et en sautant (*mot à mot:* les galops et les sauts).

On disait: *aler le petit pas, grand pas; aler son chemin*, expression qui s'est maintenue (cf. *passer son chemin*); *venir grant alure* (cf. *marcher grand train*), etc.

Adjectifs
Emploi de Neutre

La langue moderne emploie des adjectifs au neutre en fonction d'adverbes: *sentir bon, voir clair, porter beau*. La langue du moyen âge connaît aussi cet emploi, qui y est beaucoup plus fréquent.

Ex: *Sempres marrai, mais chier me sui venduz.* (Rol., 2053)
Je mourrai bientôt, mais je me suis vendu chèrement.

A la différence de la langue moderne l'adjectif pouvait aussi s'accorder en genre et en nombre avec le sujet.

Ex: *Sa prouece li ert ja vendue trop chiere; vaillance est chiere achetée; perdris fresches tuées; or sui je li plus durs* (= durement) *ferus*.[1]

Ce qui caractérisait la forme neutre de l'adjectif et du participe passé, c'est qu'elle ne prenait pas *s* flexionnelle au cas-sujet singulier. On disait: *il est bels* (masc.), mais *ço est bel* (neutre).

Ex: *Quant li jorz passet et il est anoitet.* (Alexis, 11a)
Quand le jour passe et qu'il fut « anuité », qu'il fut nuit.
Sonent mil graisle, por ço que plus bel seit. (Rol., 1004)
Mille trompettes sonnent, pour que ce soit plus beau.
Il est jugiet que nos les ocidrons. (Rol., 884)
Il est décidé que nous les tuerons.

Les adjectifs neutres substantivés *le beau, l'utile, l'agréable* sont d'un emploi très rare dans l'ancienne langue. L'adjectif neutre s'emploie principalement comme attribut.

---

1 Tobler, *Vermischte Bestraege*, I (1re éd.), 65.

Accord des Adjectifs

L'ancienne langue usait d'une très grande liberté dans l'accord de l'adjectif se rapportant à plusieurs substantifs, Ordinairement l'accord se faisait avec le substantif le plus rapproché, quels que fussent le genre et le nombre des autres.

Ex: *Li palais et la sale de pailes portendude.* (*Pèlerinage*, 332)
Le palais et la salle tendus de soieries.
Covert en sont li val et les montaignes
Et li laris et trestotes les plaignes. (*Rol.*, 1084.)
Couvertes en sont les vallées et les montagnes et les landes et toutes les plaines.

Accord des Adjectifs Demi, Mi, etc.

Dèmi, devant un nom féminin, peut s'accorder ou rester invariable.
Ex: *Demi mon ost vos lerrai en present:* je vous laisserai en présent la moitié de mon armée (*Rol.*, 785). Mais on trouve aussi le féminin: *demie lieue.*

On trouve *demie morte* plutôt que *demi-morte;* la syntaxe moderne emploie dans ce cas-là *demi* au neutre; l'ancienne syntaxe fait ordinairement l'accord: **ex:** *demie perdue; l'espée demie traite.*

Mi gardait son rôle d'adjectif dans des expressions comme: *en mie nuit.*

Nu et *plein* s'accordent avec le substantif; qu'ils soient placés avant ou après. Pour *tout*, cf. les Pronoms Indéfinis.

Adjectif Construit avec De

On pouvait dire – et on disait ordinairement – *ta lasse mère;* mais on pouvait dire aussi: *ta lasse de mère, ma lasse d'âme, mon las de cors* (= cœur, au cas-sujet), *ta sainte de bouche, ta vieille de mère,* etc.

Que diras-tu, chétive d'âme,
Quand tu verras ta douce dame?

Li fel d'anemis (cas-sujet singulier; *li felon d'anemi*, cas-sujet pluriel).[1] Cf. aujourd'hui: *ce fripon de valet* et autres expressions semblables; car *de* peut dépendre aussi d'un substantif qui précède.

---

1 Tous ces exemples sont donnés par Tobler, *Vermischte Beitraege* I (1re éd.), p. 113.

Construction du Comparatif

L'ancien français construit le comparatif avec *que*, comme le français moderne.

Ex: *Plus se fait fiers que lion ne liépart* (*Rol.*, 1111)
Il se fait plus fier que lion ni léopard.
Plus aimet Dieu que trestot son lignage. (*Alexis*, 250)
Il aime Dieu plus que tout son lignage.

Mais l'ancien français peut construire aussi le comparatif avec *de*, devant des substantifs, des pronoms, et – comme aujourd'hui – devant des noms de nombre.

Ex: *N'avez baron qui mielz de lui la facet.* (*Rol.*, 750)
Vous n'avez pas de baron qui forme mieux l'avant-garde que lui (Ogier de Danemark).
Meillors vassals de vos onques ne vi. (*Rol.*, 1857)
Jamais je ne vis de meilleurs vassaux que vous.
Meillor vassal de lui ja ne demant. (*Rol.*, 3377)
Jamais je ne chercherai, je ne demanderai de meilleur vassal que lui.

Sur l'emploi du superlatif formé avec *le plus, le moins, le mieux* sans article, cf. *supra*, Article, p. 143.

Le comparatif d'égalité se construit avec *come*, qui est par excellence, pendant tout le moyen âge, la conjonction de la comparaison; cf. *infra*, Propositions Subordonnées.

Ex: *Fist une corde si longe come ele pot.* (*Aucassin et N.*, 12, 14)
Elle fit une corde aussi longue qu'elle put.

Après le comparatif, il arrive souvent que la proposition subordonnée contient la négation, sans que ce soit une règle absolue.

Ex: *Plus est isnels que n'est oisels qui volet.* (*Rol.*, 1573)
Il est plus rapide que n'est un oiseau qui vole.

PRONOMS

Pronoms Personnels
Emploi des Formes Accentuées et des Formes Atones

On a vu plus haut (Morphologie) que les pronoms personnels se présentaient sous deux formes: *tonique* et *atone*. La forme tonique s'emploie avec les prépositions, comme dans la syntaxe moderne.

> **Ex:** *Set a mei sole vels une feiz parlasses.* (*Alexis*, 448)
> Si avec moi seule tu avais parlé même une seule fois.

On disait donc: *en tei, o tei* (avec toi), *encontre mei, por mei, por tei*, etc.

L'ancien français emploie encore la forme accentuée devant l'infinitif pur et surtout devant l'infinitif précédé d'une préposition, le gérondif et le participe passé. Cet usage, qui était resté vivant jusqu'au XVIe siècle, a disparu dans la syntaxe moderne.

> **Ex:** *As tables jueent par els esbaneier.* (*Rol.*, 111)
> Ils jouent au trie-trac pour *se* distraire.
> *Fait sei porter en sa chambre voltice.* (*Rol.*, 2593)
> Il *se* fait porter (mot à mot: *il fait soi porter*)
>   dans sa chambre voûtée.
> *Pensez de moi aidier.* (*Raoul de Cambrai*, 2832)
> Pensez à m'aider.

On disait donc: *pour moi, toi, lui servir; pour moi accuser, acquitter; s'il vous plaisoit moi commander.*

Au XVIe s.: *Les veoir ainsi soy rigouller* (Rabelais, I, 4). *Contraints de soy retirer* (Amyot, *Fabius*, 4). *Pour soy garder* (*Grand Parangon*, 107).

On emploie aussi la forme tonique, en dehors du cas précédent, quand on veut insister sur le pronom, marquer une opposition.

> **Ex:** *Quand jo mei pert, de vos nen ai mais cure.* (*Rol.*, 2305)
> Quand te me perds, de vous (de Durendal) je n'ai plus
>   souci.
> *Tei covenist helme et bronie a porter.* (*Alexis*, 411)
> C'est à toi qu'il aurait convenu de porter le heaume et la
>   broigne (cuirasse).

Emploi des Pronoms Personnels Sujets
Conformément à l'usage latin le pronom personnel est généralement omis

On ne l'exprime que lorsqu'on veut insister ou marquer un contraste, une opposition.

> *Quant jo mei pert, de vos nen ai mais cure.* (Rol., 2305)
> Quand je me perds, de vous (de Durendal) je n'ai plus souci.
> *Tu n'ies mes hom, ne jo ne sui tes sire.* (Rol., 297)
> Toi, tu n'es pas mon vassal, et moi, je ne suis pas ton seigneur.
> *Tu por ton per, jol ferai por mon fil.* (Alexis, 155)
> Toi pour ton compagnon, moi je le ferai pour mon fils.

Cependant à la fin du XIIe siècle l'emploi du pronom sujet se généralise.

Les cas-sujets des pronoms personnels étaient, au singulier, *je, tu, il*.[1] On disait : *je et tu irons; ne vos ne il n'i porterez les piez* (Rol., 260); *il et ses freres* (= lui et son frère); *il dui* (= eux deux) ; *je et mi chevalier* (= moi et mes chevaliers); *li maistres deu, Temple et je* (Joinville), etc.

Ex : *Il et Rolanz el camp furent remes* (Rol., 2779)
Lui et Roland furent laissés sur le champ de bataille.

Dès le XIIe siècle, on trouve cependant la tournure moderne *moi et vous* au lieu de *je et vous;* mais ces tournues ne deviendront communes qu'à partir du XVe siècle et ne seront de règle qu'à la fin du XVIe.

Emploi Pléonastique de Il
Quand une phrase commence par *qui* = celui qui, *il* est employé pléonastiqùement dans le second membre de phrase. Ex. *Qui molt est las il se dort contre terre* (Rol., 2494). Celui qui est très las dort contre terre.

Même en dehors de ce cas, l'emploi pléonastique de *il,* après un sujet déjà exprimé, est fréquent dans l'ancienne langue.

---

[1] *Il* sert aussi de 3e personne du pluriel; cf. la Morphologie.

Omissions des Pronoms Neutres Sujets Il, Ce
Les pronoms neutres *il* et plus rarement *ço, ce* sujets grammaticaux de verbes impersonnels, sont en général omis.

Ex : Donc li remembret de son seignor céleste. (*Alexis*, 57)
Alors *il* lui souvient de son seigneur céleste.
Ne puet altre estre. (*Alexis*, 156)
Il ne peut en être autrement.
Soz ciel n'at home. (*Alexis*, 598)
Sous le ciel *il* n'y a pas d'homme.
Assez est mielz. (*Rol.*, 58)
Il vaut beaucoup mieux.
Quatre pedrons i at. (*Rol.*, 59)
Il y a quatre perrons.

L'expression moderne *il y a* se présentait ordinairement sous la forme *i at* (lat. *ibi habet*), quelquefois *at* tout court, et le nom qui suivait était au cas-régime, comme complément de *a*.

L'omission du pronom neutre sujet est restée fréquente jusqu'au XVIe siècle. La langue moderne en a conservé des traces dans des expressions comme : *tant y a que, tant s'en faut, naguère* (= il n'y a guère, il n'y a pas beaucoup), *peut-être* (= cela peut être); *pieça* (= il y a une pièce de temps, il y a un moment; encore dans La Fontaine). On disait dans l'ancienne langue : *grant pieç'a* = il y a tres longtemps.

Omission du Pronom Personnel de la 3e Personne Régime
La grammaire moderne considère comme une faute la tournure populaire : *je lui ai dit* pour *je le lui ai dit; je lui ai donnée* pour *je la lui ai donnée*. L'omission du premier pronom, régime direct, est fréquente encore au XVIe siècle et elle est presque constante en ancien français.

Ex : *Tient une chartre, mais ne li puis tolir.* (*Alexis*, 355)
Il tient une charte, un écrit, mais je ne puis *le* lui enlever.
Il la vuelt prendre, cil ne li vuelt guerpir. (*ibid.*, 351)
Il veut la prendre, mais celui-ci ne veut pas *la* lui abandonner.[1]

---

1   Cependant on trouve, dans le même poème (v. 368, 373): *done li la, lui la consent*, exemples qui prouvent que le pronom régime ne s'omettait pas, quand il devait être placé après le pronom régime indirect. Pour le XVIIe s., cf. Haase, *Synt. fr.*, § 4.

Périphrases Remplaçant Le Pronom Personnel

L'ancien français employait des tournures comme mon *cors, ton cors, son cors*, plus rarement *ma char, ta char*, et quelques autres expressions semblables en fonction de pronoms personnels. Les exemples avec *cors* sont en particulier nombreux: l'expression signifiait: *de ma personne, de ta personne, en personne, moi-même, toi-même.*

> **Ex:** *Jo conduirai mon cors en Rencesvals.* (Rol., 892)
> J'irai moi-même, en personne, à Roncevaux.
> *Li cors Dieu les cravant* (*Aimeri de Narbonne*, 1019)
> Que Dieu les écrase!

Le mot *cors* sert aussi à renforcer le pronom de la 3ᵉ personne ou le substantif sujet.

> **Ex:** *Il ses cors ira.* (Villehardouin, 93 f)
> Il ira en personne.
> *Li roys ses cors avoit fait.* (Joinville)
> Le roi avait fait en personne, lui-même.
> *Il meismes ses cors portoit.* (*Id.*)
> Lui-même portait.

Pronoms-Adverbes En, Y

En et *y* (a. fr. *i*), qui, dans la syntaxe moderne, se rapportent aux choses, pouvaient se rapporter aussi aux personnes.

> **Ex:** *De Nicole le bien faite*
> *Nus hom ne l'en puet retraire.* (*Aucassin*, III, 4.)
> D'auprès de Nicolette la bien faite aucun
>   homme ne peut le ramener.

L'emploi de ces mêmes pronoms-adverbes est fréquent pour annoncer un régime ou rappeler une proposition. Dans ce dernier cas cet emploi s'est maintenu avec beaucoup de liberté jusqu'au XVIIᵉ siècle; on n'a qu'à étudier, à ce point de vue, la syntaxe de *en* dans Corneille.

Emploi du Pronom Personnel pour l'Adjectif Possessif
Le pronom personnel précédé de la préposition *de* remplace assez souvent l'adjectif possessif. On disait: *l'ame de mei* (= mon âme), *l'ame de tei* (ton âme), *l'ame de lui* (= son âme); *le nombre d'eus, l'ame d'eus,* etc.

Ex:	*Guaris de mei l'ame de toz perils.*	(*Rol.*, 2387)
	Protège *mon* âme contre tous les périls.	
	Li sire d'els premiers parlat avant.	(*Rol.*, 2656)
	Leur seigneur parla le premier.	
	L'anme de tei seit mise en pareïs.	(*Rol.*, 2934)
	Que ton âme soit mise en paradis.	
	Por la douçor de li e por s'amor.	(*Aucassin*, 24, 77)
	Pour la grâce d'elle, pour sa grâce et pour son amour.	

On trouve dans ce dernier exemple les deux tournures, l'ancienne et la moderne.

Emploi Du Pronom Réfléchi
Le français moderne n'emploie le pronom réfléchi accentué que lorsque le sujet est indéterminé: *chacun pour soi; il vaut mieux avoir les honnêtes gens avec soi; on a souvent besoin d'un plus petit que soi.*

L'ancienne langue avait une liberté bien plus grande; elle pouvait employer le pronom réfléchi accentué dans tous les cas où nous emploierions la forme tonique du pronom non réfléchi *lui*.

Ex:	*Dedavant sei fait porter son dragon.*	(*Rol.*, 3266)
	Devant *lui* il fait porter son dragon.	
	A sei apelet ses filz e les dous reis.	(*Rol.*, 3280)
	Il appelle a *lui* ses fils et les deux rois.	
	Or ad li cuens endreit sei sez que faire.	(*Rol.*, 2123)
	Maintenant le comte (Roland) a assez à faire envers *lui-même*.	
	Quant veit li cuens que ne la freindrat mie,	
	Molt dolcement la plainst a sei meïsme.	(*Rol.*, 2342)
	Quand Roland voit qu'il ne la brisera pas, très doucement il la plaignit en *lui-même*.[1]	

---

1 Un peu plus loin on trouve (v. 2882): *Mais lui meïsme ne volt metre en obli.*

D'autre part, au lieu du réfléchi atone (se) comme dans la langue moderne, ou du réfléchi tonique sei, soi (cf. supra), l'ancien français emploie volontiers le pronom personnel non réfléchi lui, els–eus.[1]

> **Ex:** As tables jueent por els esbaneier. (Rol., 111)
> Ils jouent au tric-trac pour s'amuser.
> Olivier sent qu'il est a mort naffret;
> De lui vengier ja mais ne lui ert sez. (Rol., 1966)
> Olivier sent qu'il est blessé à mort;
> de se venger il n'aura pas le temps.

Pronoms Adjectifs Démonstratifs

Emploi du Pronom Adjectif Démonstratif en Fonction d'Article
L'article provient d'un démonstratif latin (cf. la Morphologie). L'ancien français connaît aussi l'emploi du démonstratif cet, cete ou de cil, cele en fonction d'article. Cet emploi est même fréquent.

> **Ex:** Par tote l'ost font lors tabors soner
> Et cez buisines e cez greisles molt cler. (Rol., 3137)
> Par toute l'armée ils font sonner très haut
>   leurs tambours et les trompettes et les cors.
> Franceis i fierent par vigor et par ire,
> Trenchent cez poinz, cez costez, cez eschines. (Rol., 1662)
> Tranchent les poings, les côtés, les échines.[2]

Pronoms et Adjectifs
Les pronoms démonstratifs étaient indifféremment, dans l'ancienne langue, adjectifs ou pronoms.

Adjectifs
On disait: en cest pais, en ceste ville; en cel pais, en celle ville, cel désignant les objets éloignés, cest les objets rapprochés.

Pronoms
On disait également: cil dist; cil a parlet a lei de bon vassal (Rol., 887). Cel list romans e cil dist fables (Méon, Nouv. Rec., I, 152).

---

[1] Une grande liberté dans l'emploi de soi au lieu de lui existai encore au XVIIe siècle; cf. Haase, Synt. fr., § 13.
[2] Cf. Ch. de Roland, 2533–38, le mélange de les et de ces.

Autres exemples de l'emploi du pronom adjectif: *Si veit venir cele gent paienor* (*Rol.*, 1019). Et il voit venir cette race païenne.

A celle jornée que nos entrames dans nos neis (Joinville, XXVIII). *En celui temps; en celui jour; en cestuy jour.*

La langue moderne a établi une distinction rigoureuse dans l'emploi de ces formes: *cet, cette* est adjectif; *celui, celle* sont pronoms *(celui-ci, celle-là);* ils peuvent s'employer aussi comme antécédents du relatif *qui: celui qui régne dans les cieux* (a. fr. *cil qui regnet es ciels*).

Quant à *celui*, qui était le cas du régime indirect (et quelquefois direct), il s'emploie de bonne heure comme cas-sujet.

Ex: *Celui levat le rei Marsilion.* (*Rol.*, 1520)
Celui-ci éleva le roi Marsile.

Au XVIe siècle *celui* pouvait encore être employé comme sujet d'un verbe ou comme adjectif.

Celuy n'est parfait poète
Qui n'a une âme parfaite. (D'Aubigné, III, 140)
Celui Dieu (Marot); *iceux bœufs.* (Rabelais)

Icelui, icelle subsistent encore au XVIIe siècle dans certaines formules de procédure.

Cettui-ci, très fréquent chez Balzac, est rare après Corneille, qui l'a employé trois fois dans *Clitandre*.

Dans une proposition négative comme la suivante: *n'i ad cel, celui ne plort et se dement, celui* prend le sens de *personne,* comme on le voit en traduisant: il *n'y a personne qui ne pleure et ne se lamente.* Cette tournure, très fréquente en ancien français, se retrouve au XVIe siècle: *Il n'y a celuy qui ne se vante qu'il en a grande quantité* (Despériers, *Cymbalum*, II).[1]

Après *comme, celui* a le sens de *quelqu'un*.

Ex: *J'en parle come de celuy que je ai connu.* (Commynes, 7, 2)
J'en parle comme de *quelqu'un* que j'ai connu.
Dès le lendemain délibéra de partir comme
celuy qui avait grande envie de retourner (Id., 8, 11)
= comme *quelqu'un.*

---

1 Darmesteter et Hatzfeld, *Le XVIe siècle* en *France*, p. 257.

Emploi de Ce, Ça.

L'ancien français emploie volontiers le pronom neutre *ço, ce* devant les verbes *croire, dire, savoir, sentir, voir,* etc., quand ces verbes sont suivis d'une proposition subordonnée complétive, que *ço, ce* servent, pour ainsi dire, à annoncer.

Ex: Ço sent Rodlanz que la mort li est prés. (*Rol.*, 2259)
Roland sent que la mort lui est proche.
Ça sent Rodlanz que s'espéde li tolt. (*Rol.*, 2284)
Roland sent qu'il (le païen) lui enlève son épée.
Quant il ço vit que n'en pout mie fraindre.
Quand il vit qu'il n'en pouvait rien briser. (*Rol.*, 2314)

Pronoms Adjectifs Possessifs

La forme accentuée du pronom ou adjectif possessif était ordinairement précédée de l'article défini; elle pouvait aussi être précédée d'un pronom démonstratif, ou de l'indéfini *un*.

On disait donc: *la meie mort, la soe mort; li tuens parentez; li miens cuers; li miens amis; la toe, la soe mercit ; uns suens chevaliers; uns suens escuiers; ceste vostre charrue; cez lor espées,* etc. Cf. encore aujourd'hui, dans le langage populaire: *un mien ami, un mien cousin.*

Pour l'emploi du pronom personnel précédé d'une préposition en fonction d'adjectif possessif, cf. *supra,* p. 179.

Lour (< *illorum*), devenu *leur,* ne prend la marque du pluriel qu'à la fin du XIIIe siècle.

Pronoms Relatifs

Emploi Du Cas-régime Cui

Le cas-régime *cui*, conformément à son origine (datif latin *cui*), s'emploie comme régime indirect; il peut s'employer aussi comme régime direct et même comme «génitif». Voici des exemples de ces trois cas.

A *Li rois* cui *la cité estoit.*
Le roi *a qui* était la cité.
Li chanceliers, cui *li mestiers en eret.* (*Alexis*, 376)
Le chancelier *à qui* (= dont) c'était la fonction.
B *Al tems Noé* cui *Dieus par amat tant.* (*Alexis*, 7)

Au temps de Noé *que* Dieu aima tant.
Celui cui *j'amoie.* (*Chastelaine de Vergi*, 739)
Celui *que* j'aimais.
Plus que moi cui *il a trahie.* (*Ibid.*, 743)
Plus que moi *qu'il* a trahie.

C Godefrois, cui *ame soit sauvée.* (*Bauduin de S.*, XXV, 64)
Godefroy, *dont* l'âme soit sauvée.

Autres exemples de *cui* mis pour *de qui, dont*.

Barons cui *pere establirent l'Église.* (*Vie de S. Thomas*, 2447)
Les barons *dont* les pères fondèrent l'Église.
A cui *porte Ladres gisoit.* (*Renclus de Molliens*, 43, 3)
Devant la porte *de qui* gisait Lazare.

Dans ces derniers cas, comme dans le suivant: *en la cui garde li rois l'aveit mis* (c'est-à-dire, en la garde *de qui*), *cui*, servant de régime à *garde*, est construit sans la préposition *de*, comme dans les expressions *l'enseigne Charle, lo corn Roland, la Charlon*, etc.

Cui peut aussi s'employer avec une préposition.

Ex: *D'icel saint home* par cui *il gariront.* (*Alexis*, 330)
De ce saint homme par qui ils seront sauvés.

Dont

Dont s'employait assez librement pour exprimer des rapports divers: *un anel* dont il *l'out esposede* (*Alexis*, 73): un anneau qu'il lui avait donné en l'épousant. Cette liberté régnait encore au XVIIe siècle (Haase, *Synt. fr.*, § 37).

Dont peut se rapporter à toute une phrase précédente: *li roys s'en revint en France, dont il en fu mout blasmez* (Joinville, 17*b*). Cet usage s'est maintenu jusque dans la langue contemporaine.[1]

Lequel

Lequel n'apparaît guère avant le XIIIe siècle; il est très fréquent au XIVe siècle et son usage ne se restreint qu'au XVIIe.

---

1 Cf. des exemples d'Andriex et de G. Sand dans Ayer, *Grammaire comparée de la langue française*, 4e éd., p. 452.

Pronom-Adverbe Où

Le pronom-adverbe *où* peut se rapporter dans l'ancienne langue à des personnes (cf. *supra*, p. 156, En, Y).

Ex: *Ensi dist Charles, ou il n'ot qu'aïrer.*
(*Aimeri de Narbonne,* G. Paris, *Chrest.,* v. 280)
Ainsi dit Charles, *chez qui* il n'y avait que tristesse.

Cet emploi, qui était assez rare en ancien français, devient d'un usage courant au XVIIe siècle.

Ex: *Vous avez vu ce fils, où mon espoir se fonde.*
(Molière, *Etourdi*, IV, 2)
*...Il ne reste que moi
Où l'on découvre encor les vestiges d'un roi.*
(Racine, *Alexandre*, II, 2)[1]

Omission du Pronom relatif

L'ancienne langue omettait volontiers le pronom relatif après des propositions négatives ou restrictives. « La trait le plus caractéristique du *Roland* est l'omission fréquente de *que* ou *qui* entre la proposition principale et les propositions subordonnées. »[2] Cela est vrai naturellement des autres textes. C'est là une habitude si différente de la syntaxe moderne qu'elle déroute souvent les débutants.

Ex: *Soz ciel n'at home plus en ait de meillors.* (*Rol.*, 1442)
Sous le ciel il n'y a pas d'homme *qui* en ait de meilleurs.
Cel nen i at Monjoie ne demant. (*Rol.*, 1525)
Il n'y a personne *qui* ne demande Montjoie.[3]
Jamais n'iert home plus volenters le serve. (*Rol.*, 2254)
Jamais il n'y aura un homme qui le serve plus volontiers.

---

1 Cf. Haase, *Synt. fr.*, § 38A.
2 G. Paris, *Extraits de la Chanson de Roland*, 6e éd., p. 52.
3 Cri de guerre des soldats de Charlemagne.

Suppression de l'antécédent Ce
Dans les interrogations indirectes, le pronom interrogatif[1] neutre *que* est précédé, dans la langue moderne, de *ce,* à moins que ce *que* ne soit devant un infinitif.

Ex: *Savez-vous bien ce que vous faites?*
Mais: *je ne sais que faire.*

L'ancienne langue employait *que* comme pronom interrogatif neutre sans antécédent.

Ex: *Il ne saut* que *ço fut.* (Pèlerinage, 386)
Il ne savait *ce* que c'était.
Ne sevent que *font.* (Alexis, 370)
Ils ne savent *ce* qu'ils font.
Or ne sai jo que *face.* (Rol.)
Je ne sais que faire.

Cette tournure s'est maintenue longtemps. Au XVIe siècle, elle est constante: *Je ne sais* que *c'est; sans sçavoir* qu'*ils faisoient, tant ils estoient troublés.*[2]

Hélas! mon cher Morel, dy-moy que *je feray,*
Car je tiens, comme on dit, le loup par les oreilles.
(Du Bellay, Œuvres choisies, 219)[3]

Au XVIIe siècle, les exemples ne sont pas rares.

Ex: *Qui n'avait jamais éprouvé* que *peut un visage d'Alccide.*
(Malherbe)
Le roi ne sait que *c'est d'honorer à demi.* (Corneille)
Voilà, voila que *c'est de ne voir pas Jeannette.*
(Molière, Etourdi, IV, 6)
Vous savez bien par votre expérience
Que c'est d'aimer. (La Fontaine, Contes, III, 5)

---

1 Nous croyons que c'est un interrogatif plutôt qu'un relatif.
2 Exemples de la *Satyre Ménippée* et d'Amyot cités par Darmesteter Hatzfeld, *Le XVIe siècle en France,* 1re éd., p. 258.
3 Brunot, *Gram. hist.,* § 275.

C'est par une omission de la même nature que s'explique la tournure suivante, si commune dans la langue du moyen âge: *faire que* avec le cas-sujet et ellipse du verbe: *faire que fols,* c'est-à-dire: *faire* (ce) *que* (fait) *un fou;*[1] *faire que sages,* c'est-à-dire : *faire* (ce) *que* (fait) *un sage; faire que proz,* agir en preux; *faire que traïstre,* agir en traître.

On trouve encore dans La Fontaine (*Fables,* V, 2):

> *Celui-ci s'en excusa,*
> *Disant* qu'il ferait que sage
> *De garder le coin du feu.*

Qui = *Si l'on*

Qui sujet d'un verbe au conditionnel ou, ce qui est la même chose en ancien français, à l'imparfait ou au plus-que-parfait du subjonctif, a le sens de : *si quelqu'un, si l'on, si on*: cet emploi a lieu surtout dans des propositions qui marquent l'hypothèse ou dans des propositions exclamatives.

Ex: *Qui donc odist Monjoie demander,*
De vasselage li poüst remembrer. (*Rol.*, 1182)
Si quelqu'un avait entendu ce cri de *Monjoie,*
   il aurait pu avoir une belle idée du courage.
Qui lui veïst Sarrazins desmembrer,
De bon vassal li poüst remembrer. (*Rol.*, 1970)
Si quelqu'un lui avait vu démembrer les Sarrasins,
   il aurait pu se représenter un bon vassal.
Qui puis veïst Roland et Olivier
De lor espées et ferir et chapler! (*Rol.*, 1680)
Ah! Si on avait vu Roland et Olivier frapper
   de leurs épées!

Même en dehors de ces cas, *qui,* employé comme pronom absolu, avec un sens indéfini, peut être traduit par *si on,* comme dans l'expression moderne: *tout va bien, qui peut attendre.*

Ex: *Dieus! come est biaus, qui l'a bien regardé!*
(*Huon de Bordeaux,* 3414)

---

[1] Il s'agit à vrai dire ici d'une proposition relative et non pas interrogative, comme dans le cas précédent.

Dieu! comme il est beau, pour celui qui l'a bien regardé,
si on le regarde bien.
De noz aveirs ferons granz departides
La main menude, qui l'almosne desidret.   (*Alexis*, 523)
De nos biens nous ferons de grandes et nombreuses distributions, si quelqu'un désire l'aumône.

Cet emploi de *qui,* du moins avec un conditionnel, est resté très vivant jusqu'au XVIe siècle et on en trouve des exemples au XVIIe.[1]

Qui seroit contraint d'y vivre, on trouveroit moyen
    d'y avoir du repos.   (Malherbe, II, 373)
Bonne chasse, dit-il, qui t'aurait à son croc.
                              (La Fontaine, *Fables*, X, 4)
Qui n'aurait que vingt ou trente ans,
Ce serait un voyage a faire.   (Id. *Contes*, IV, 9)

Adverbe Relatif Que

L'adverbe relatif *que* pouvait remplacer dans l'ancienne langue un pronom relatif précédé d'une préposition.

Ex: *Il les tendroit as us et coutumes que li*
        empereeur les avaient tenuz. (Villehardouin, 280 k)
    Il les tiendrait aux us et coutumes auxquels
        les empereurs les avaient tenus.
    Nous somes ou plus grant peril que nous fussiens onques
        mais.   (Id.)
    Nous sommes au plus grand péril où nous
        ayons jamais été.

Cet emploi est encore général chez les auteurs du XVIIe siècle (Haase, *Synt. fr.,* § 36).

Pronoms Interrogatifs

Le pronom interrogatif *cui,* écrit quelquefois *qui,* s'emploie comme régime indirect sans préposition avec autant de liberté que *cui* pronom relatif.

---
1   Cf. Haase, *Synt. fr.,* § 40.

Ex: *De ço* cui *chalt? Demorét i ont trop.* (Rol., 1806)
De cela *à qui* (ou *à quoi*) importe-t-il? A qui (à quoi) cela sert-il? Ils ont trop tardé.
O filz, cui *ierent mes granz hereditéz?* (Alexis, 401)
O fils, *a qui* seront mes grands héritages?

Il pouvait aussi, comme le relatif, être précédé de prépositions: *a cui, de cui, par cui*, etc.

Sur l'omission de l'antécédent *ce* dans les propositions interrogatives indirectes, cf. *supra*, p. 163.

Que, Quoi, Qui

L'interrogatif neutre était *que*[1] (forme atone), *quoi* (forme tonique). De bonne heure *que* a été remplacé comme cas-sujet par *qui*, forme du masculin et du féminin. Cet emploi de *qui* s'est maintenu dans la langue moderne: *qui fait l'oiseau? c'est le plumage* (= qu'est-ce qui). *Qui vous presse?* (La Fontaine, *Fables*, IX, 2) (= qu'est-ce *qui* vous presse).

Pronoms Adjectifs Indéfinis

Les indéfinis sont en général pronoms et adjectifs. Nous ne parlerons que des plus usuels.

Alcun

Alcun, aucun provenant de *aliqui(s) unus*, signifie *quelqu'un* dans l'ancienne langue; ce sens affirmatif s'est maintenu jusque dans la langue moderne: *d'aucuns prétendent*. Le mot, employé souvent dans des phrases négatives, a pris le sens négatif.

Altrui

Altrui, autrui est le cas-régime indirect de *altre*. *L'autrui* était aussi un neutre qui signifiait: *le bien des autres*. Il était construit comme un nom (complément déterminatif) dans des expressions comme: *notre droit et l'autrui* (= celui d'autrui).

---

1 L'ancienne langue pouvait dire: *que vous faut?* (Qu'est-ce qui vous manque).

Chascun

Chascun servait d'adjectif et de pronom: *chascun seignour, chascun jour*. Cette construction s'est maintenue jusqu'au XVIe siècle[1] où *chaque* a remplacé *chacun* en fonction d'adjectif. *Chaque* « inconnu à Rabelais, se rencontre dans Montaigne (I, 10) ».[2]

Mesme

La langue actuelle donne deux sens à cel adjectif indéfini, suivant la place qu'il occupe: *le même homme* (identité), *l'homme même* (idée d'insistance).

Dans l'ancienne langue cette règle n'existait pas et jusqu'au XVIIe siècle le sens de *même* était déterminé par le contexte et non par la place qu'il occupait.

Ex: *Sais-tu que ce vieillard fut* la même *vertu?*
(Corneille, *Cid*, II, 12)
… avoir ainsi traité
Et la même *innocence et la même bonté.*
(Molière, *Sganarelle*)

Inversement on trouve au XVIIe siècle:

Sans être rivaux, nous aimons en lieu même.
(Corneille, *Place Royale*, V, 3)

Nul

Nul avait un cas-régime *nului*, qui a disparu de bonne heure. Étant négatif, *nul* pouvait s'employer sans négation; mais ce n'était pas une règle générale; il est souvent accompagné de la négation dans la *Chanson de Roland*.

Om, On

Om, on venant de *homo*, a de bonne heure le sens indéfini qu'il a de nos jours: il y en a quatre exemples dans la *Vie de Saint Alexis*, et ils sont plus nombreux dans la *Chanson de Roland*.

Plusor

Plusor, pluisor (mod. *plusieurs*) correspond à un comparatif du latin vulgaire (cf. la Morphologie) et signifie *plusieurs, beaucoup*. Employé

---
1   Encore dans La Fontaine: *chacune sœur* (*Fables*, II, 20).
2   Brunot, *Gram. hist.* p. 353.

avec l'article défini il signifie: *le plus grand nombre*. On dit ordinairement: *li alquant et li pluisor*.

Ex: *Alquant i chanient, li pluisor getent lairmes.*
Quelques-uns chantent, le plus grand nombre pleurent.
Se pasment li plusor. (*Rol.*, 2422)
La plupart s'évanouissent.
De plusors choses à remembrer li prist. (*Rol.*, 2377)
Il se mit à se souvenir de plusieurs choses.

Quel... Que

Là où le français moderne emploie *quelque... que*,[1] l'ancien français employait, plus logiquement et plus simplement, *quel... que*: cet emploi a d'ailleurs persisté jusqu'au XVIIe siècle.

Ex: Quel *part qu'il alt, ne poet mie caïr.* (*Rol.*, 2034)
Quelque part *qu'*il aille, il ne peut tomber.
Deu gardad David quel *part qu'il alast.*
(*Quatre livres des Rois,* II, 148)
Dieu garda David, quelque part qu'il allât.
En quel *lieu* que *on le mist:* en quelque lieu qu'on le mit.

Au XVIIe siècle:

En quel *lieu* que *ce soit, je veux suivre tes pas.*
(Molière, *Fâcheux,* III, 4)

Les distinctions entre *quelque* adjectif et *quelque* adverbe ne sont pas connues de l'ancienne langue; jusqu'au XVIIe siècle d'ailleurs, *quelque* s'accorde avec le mot auquel il se rapporte.

Qui Qui, Qui Que, Que Que

Qui qui, qui que, cui que (cas-régime du précédent) s'employaient en parlant des personnes.
Que que, quoi que s'employaient en parlant des choses.

Ex: *Ambor ocit,* qui que *il blasmt ne le lot.* (*Rol.*, 1546)

---

1 On trouve des exemples de *quelque... que* dès le XIIIe siècle; mais son emploi n'a prévalu qu'au XVIIe.

Il les tue tous deux, *qui que ce soit qui* le blâme ou le loue.
Cui qu'*en peist*[1] *a cui non.* (Rol., 1279)
Qui que ce soit que cela ennuie ou non.

Autres exemples:

cui qu'en doie desplaire; cui qu'en doie anuier, etc.
Que que *Rolanz Guenelon forsfesist* (Rol., 3827)
Quelque faute *que* Roland ait commise envers Ganelon.

Autres exemples: *que que li autre facent; que qu'on die...*
Qui qui, qui que étaient souvent accompagnés de l'adverbe de temps *onques:* de là vient le pronom indéfini *quiconque* (*qui que onque*).
Qui... qui pouvait avoir aussi le sens de: *les uns... les autres.* Le neutre *que ... que* signifiait: *tant ... que.* Cf. encore, dans La Fontaine: *Que bien que mal elle arriva* (Fables, IX, 2).

Tant

Tant, comme *quant*, était un adjectif indéfini variable.

Ex: *Par* tantes *terres ad son cors travailliét!* (Rol., 540)
Par tant de pays il a fatigué son corps!
Tanz *bons vassals veez gesir par terre.* (Rol., 1694)
Tant de bons vassaux vous voyez couchés par terre!

Avec *quant* on pouvait dire: *en quantes choses, quantes proieres* (prières), etc. Cf. encore l'expression vieillie: *toutes et quantes fois.*
On disait *mil tanz, cent tanz* = mille fois autant, cent fois autant.

Tout

Tout employé comme adjectif (*tous les hommes*) pouvait ne pas prendre l'article dans l'ancienne langue surtout au pluriel: *tous hommes, tous dis, tous jours.* On disait aussi *toute nuit, toute veie* (toutefois, cependant). Cf. encore, au XVIIe siècle:

Chez lui paisiblement a dormi toute nuit.
(Corneille, Menteur, III, 2)
Quoi! Masques toute nuit assiègeront ma porte!
(Molière, Etourdi, III, 9)

---

[1] Subj. prés., 3e p. sg., du verbe *peser*.

Un

Un s'emploie au pluriel devant les mots qui n'ont pas de singulier ou devant les mots désignant des objets qui vont par paire.

Unes lettres, unes fourches, unes chausses, unes cornes, unes grosses lèvres, etc.

Un employé comme pronom au sens de *l'un, quelqu'un* est fréquent.

> *Uns qui se jut el pavillon*
> *Respondi orgoillosement.*   (Ben. de Sainte Maure, 16042)
> L'un d'eux, qui était couché au pavillon, répondit
>   orgueilleusement.

Au XVIe siècle, *un* avait souvent le sens de *quelqu'un: Comme un qui prend une coupe* (Ronsard, *Odes*, I, 2). *Oter à un ce que la fortune lui avait acquis* (Montaigne, II, 8).

NOMS DE NOMBRE

Cardinaux

Sur l'emploi de *un* article indéfini, cf. *supra*, p. 145. Sur l'emploi de l'article devant les nombres cardinaux, cf. *supra*, p. 144.

Les divers éléments des noms de nombre formés par addition étaient réunis par *et*: on disait *vingt et deux, trente et trois*, comme aujourd'hui *vingt et un, soixante et onze*. Cet usage s'était maintenu en partie au XVIIe siècle (*trente et trois, vingt et quatre* dans Corneille).

Ex: *Mil et cent et quatre vinz et dix sept anz.*   (Villehardouin)

Un nom de nombre formé d'une unité de dizaine + *un* n'exigeait pas que le substantif fût au pluriel; l'accord se faisait avec *un* et non avec l'ensemble du chiffre.

La règle se maintient au XVIe siècle et au XVIIe il y a encore hésitation.

L'ancien français formait des multiplicatifs avec *vingt: six vint, douze vint, quatorze, quinze vint*, etc. *Quatre-vingts* est un reste de cet ancien usage (cf. *l'Hôpital des Quinze Vingts*). On trouve jusqu'à *dix-huit vingt*. Le cas-sujet de *vingt* était *vint*, le cas-régime *vinz;* cf. p. 75.

Avec *cent* l'usage est le même qu'aujourd'hui; mais on pouvait dire *dix cens,* comme *huit cens, neuf cens.*

Pour *mille* l'ancien français avait la forme *mil*, qui correspondait au latin *mille* (singulier) et *milie,* plus tard *mille,* qui correspondait au latin *milia* (pluriel neutre).

Ex: *Od mil de mes fedeilz.*   (*Rol.,* 84)
      Avec mille de mes fidèles.
      Vint milie homes   (*Ibid.,* 13)
      Sont plus de cinquante milie.   (*Ibid.,* 1919.)

Il y a d'ailleurs souvent confusion entre *mil* et *milies mille.*

Ordineaux

L'ancienne langue employait peu les noms de nombre cardinaux dans les cas où nous les employons aujourd'hui (succession de rois, d'empereurs, etc.); elle aurait dit: *Louis deuxième, troisième, quatorzième;* elle disait de même, pour les jours du mois: *le quatorzième d'aoust, It vingt cinquième de mai.* Cet usage a duré jusqu'au. XVIIe siècle, au moins en ce qui concerne la succession dei rois, papes, empereurs, etc., les jours du mois. Balzac dit: *Louis quatorzième, Adrien sixième, Henri troisieme;* Boileau: *Louis douzième;* Balzac: *vingt-quatrième de mars ; quinzième de décembre.*

Citons encore les expressions comme *moi dixième, moi troisième* (= dix, trois personnes, moi compris) qui se retrouvent au XVIIe siècle et qui survivent encore dans les dialectes modernes.

CHAPITRE 9

Verbes

OBSERVATIONS GÉNÉRALES
ACCORD

Le verbe précédé de plusieurs sujets peut s'accorder avec l'ensemble des sujets et se mettre au pluriel. Mais la liberté de construction est si grande dans la langue du moyen âge que le verbe peut ne s'accorder qu'avec le sujet le plus rapproché, même si ce sujet est au singulier et que l'autre ou les autres soient au pluriel; cela arrive surtout quand les sujets sont joints entre eux par *et* et de préférence par les particules disjonctives *ne, ou*.

> **Ex:** *Murs ne cités n'i est remés a fraindre.* (*Rol.*, 5)
> Ni mur ni cité n'y sont restés à renverser.
> *Car molt vos priset mes sire et tuit si home.* (*Rol.*, 636)
> Car mon seigneur et tous ses hommes vous prisent beaucoup.

Les noms collectifs, comme *gent: peuple, mesnie* (maison, entourage d'un grand personnage), *chevalerie*, etc., sont souvent suivis d'un verbe au pluriel.

> **Ex:** *La gent de Rome, qui tant l'ont desidrét,*
> *Set jorz le tienent sour terre a podestét.* (*Alexis*, 571)
> Le peuple de Rome, qui l'a tant regretté,
> le retient sept jours sur terre en son pouvoir.
> *Ad une voiz crident la gent menude.* (*Alexis*, 531)
> D'une seule voix le bas peuple s'écrie.
> *Gent paienor ne voelent cesser onques.*
> *Issent de mer, vienent as ewes dolces.* (*Rol.*, 2639)
> La gent païenne ne veut (veulent) pas s'arrêter;
> ils sortent de la mer, entrent dans les eaux douces.

Au lieu de *c'est moi, toi, lui; c'est nous, c'est vous, ce sont eux*, on disait en ancien français: *ce sui je, ce es tu, ce est il; ce somes nous, ce estes vous, ce sont il*. Comme on le voit, *ce* est attribut et l'accord se fait avec le sujet réel, qui est le pronom personnel.

On disait encore au XVIe siècle: *Ce suis-je moy, dist le Seigneur, qui l'ay deceu* (Calvin, I, 18, 2).

> *Vois ces rochers au front audacieux,*
> *C'estoient jadis des plaines fromenteuses.*
>
> (Ronsard, 963 L)[1]

Cet accord du verbe avec le sujet logique se fait dans d'autres cas où l'ancien français employait une tournure impersonnelle; par exemple: *il estoient jadis dui frere; il sont venues tant de plaintes.*[2] Cf. encore: *il i corurent set rei et quinze duc* (Cour. de Louis, 631). *Et si sont il venu assés – Ici maint preudome vaillant* (Chev. aux deux épées, 4456).[3]

Changements Dans Les Voix

De nombreux changements se sont produits, depuis le moyen-âge, en ce qui concerne les voix des verbes. D'une manière générale, les verbes à forme pronominale étaient beaucoup plus nombreux que dans la langue moderne, parce que la plupart des verbes intransitifs avaient une tendance à prendre cette forme. Ils indiquaient alors une action qui ne sort pas du sujet et porte essentiellement sur lui.

On disait: *s'apareistre, se combatre, se craindre, se demorer, se douter* (craindre), *se dormir, se feindre, se gesir, se joster* (joûter avec quelqu'un), *se merveiller, se morir, se monter, se périr, se partir, se recreidre, recreire* (s'avouer vaincu, fatigué), *se remembrer, se targier* (tarder), etc.

On pouvait d'ailleurs employer aussi beaucoup de ces verbes comme transitifs. Ainsi, *escrier* est transitif au sens de *appeler, crier*.

Ex: *Grant est la noise de Monjoie escrier.* (Rol., 2151)
Le bruit est grand quand on crie: Montjoie!

---

1 Exemples donnés par Brunot, *Gram. hist.*, § 414.
2 G. Paris et Langlois, *Chrestomathie*, 4e éd., p. LXXII.
3 Il n'est pas probable que *il* soit un pluriel masculin, car on trouve *il* avec un féminin: *il sont quatre manières* (Vie de S. Thomas, 170).

Morir, aux temps composés, est transitif.

Ex: *Qui tei a mort France douce a honnie.* (*Rol.,* 2935)
Celui qui t'a tué a déshonoré la douce France.

Inversement beaucoup de verbes aujourd'hui réfléchis se présentent sous la forme intransitive; ces confusions sont constantes.

Ex: A *halte voiz prist li pedre a crider.* (*Alexis,* 391)
Le père *se mit* à crier à haute voix.
Isnelement sur lor piez relevérent. (*Rol.,* 3575)
Rapidement ils *se relevèrent* sur leurs pieds.
Ço vuelt li reis par amor convertisset. (*Rol.,* 3674)
Le roi veut qu'il se convertisse par amour.

Impersonnels

Ils étaient aussi beaucoup plus nombreux que dans la langue moderne.

On disait: *il afiert* (il convient); *il anuite* (il fait nuit); *il apent* (convient); *il chaut; il aserit, il avesprit* (le soir arrive); *il abelist* (il plaît); *il dueut* (de *douloir,* il fait de la peine); *il besogne* (il est besoin); *il loist* (lat. *licet,* il est permis); *il membre, remembre; il passe* (en passant du temps); *il prend* (*a remembrer lui prist=* il (neutre) lui prit à, *il* (personnel) se mit à se souvenir); *il estuet* (il est besoin); *il ennuie* (il est ennuyeux que); *il i ot* (il y eut), avec un participe passé: *il i ot mainte larme plorée; maint conseil i ot pris et donné* (on prit et on donna maint conseil); *il semble, il est vis* ou *a vis* (même sens).

Emploi Des Auxiliaires Etre, Avoir

La règle est, dans l'ensemble, la même que dans la langue moderne, où règne d'ailleurs une assez grande liberté dans l'emploi des auxiliaires avec certains verbes; les verbes transitifs se construisaient avec le verbe *avoir* et les verbes intransitifs, par analogie avec les verbes passifs, se construisaient avec le verbe *être.* Mais comme beaucoup de verbes pouvaient être à la fois transitifs et intransitifs, il s'est produit, en ancien français, de nombreuses confusions dans l'emploi des deux auxiliaires *être* et *avoir.*

Les verbes réfléchis se construisaient ordinairement avec *être,* mais ils pouvaient aussi se construire avec *avoir,* comme on le voit par les exemples ci-dessous.

On pouvait donc dire: *il a sorti* et *il est sorti; il est remés* et *il a remasu* (= il est resté); *il était passé la montagne, il était monté les degrés; il s'a ad Deu comandét* (*Alexis*, 288); *il s'a vestu et chaucié; vengiéz m'en sui* (*Rol.*, 3778); *il s'a bien défendu; il a alé par le chemin* (Froissart); *et avoient li fuis sorti* (*Id.*); *il estoient fuis* (*Id.*); *il sont coru* (=ils ont couru).

Une construction particulière à l'ancienne langue est la suivante: quand deux participes passés qui se suivaient devaient être construits le premier avec *être* et le second avec *avoir* – ou réciproquement – on pouvait sousentendre le second verbe auxiliaire.

Ex: *Liquel s'estoient ivernét et passét le temps.* (Froissart, IV, 281)
Lesquels *s'étaient hivernés* (avaient hiverné) et (avaient) passé le temps.
Ele a tenu ses termes et venue d'un royaume en l'autre.
(Froissart, II, 13)
Elle a tenu ses termes et (est) venue d'un royaume dans l'autre.

Il y a d'ailleurs des exemples antérieurs à Froissart.

Construction Des Verbes Passifs

L'ancien français construisait volontiers le régime des verbes passifs avec *de*. Cet usage est resté très vivant au XVIIe siècle.[1] La construction du verbe passif avec *à* était également fréquente.

Ex: *Me gardez que je soie prise a beste cuiverte.* (*Berte*, 895)
Gardez-moi, que je ne sois prise *par* une bête perfide.

Emploi De Faire

Faire pouvait, comme dans la langue moderne, remplacer un verbe déjà employé.

Ex: *Mielz en valt l'ors que ne font cinc cens livres.* (*Rol.*, 516)
Mieux en vaut l'or que ne valent cinq cents livres.

Le verbe *faire* peut encore s'employer, suivi d'un infinitif, avec la valeur du verbe simple marquée par cet infinitif.

---

[1] Haase, *Synt. fr.*, § 113.

> **Ex:** *Merci, père, dist-il, or me faites entendre.*
> (*Renaut de Montauban*, 355)
> Pitié, père, dit-il, écoutez-moi.
> *Et me proient que je lor* face *moustrer le Saint Roi.*
> (*Joinville*, 566)
> Et ils me prient que je leur indique le Saint Roi.

On trouve encore: *faites moi escouter, faites moi oïr* = écoutez-moi.

Conjugaison Périphrastique

Sur la conjugaison périphrastique de *être* avec un participe présent ou un gérondif, cf. *infra*, p. 187.

Emploi de *en* avec Certains Verbes

Plusieurs verbes, surtout des verbes de mouvement, se faisaient précéder de *en* principalement quand ils étaient employés comme pronominaux: *s'en aler* (qui s'est maintenu), *s'en venir, en mener, en porter; courir, s'en courir; fuir, s'en fuir*. Beaucoup de verbes modernes composés avec *en-, em-* sont issus de cet emploi.

EMPLOI DES TEMPS

EMPLOI DES MODES DANS LES PROPOSITIONS INDEPENDANTES TEMPS DE L'INDICATIF

A l'indicatif les confusions entre l'imparfait et les différents temps du passé sont des plus fréquentes; sur ce point, la syntaxe de l'ancien français s'éloignait beaucoup de la syntaxe actuelle.

En ce qui concerne le présent, l'ancien français emploie souvent, dans la même phrase, le présent de l'indicatif, le passé défini et le passé indéfini.

> **Ex:** *Com* vit *le lit,* esguardat *la pulcele,*
> *Donc li* remembret *de son seignour céleste.* (*Alexis*, 56)
> Quand il *vit* le lit et qu'il *regarda* la jeune fille,
>   alors il lui *souvient* de son seigneur celeste.
> *Li cuens Rollanz quant il* veit *morz ses pers,*

> *Tendror en* out, *comencet a plorer.* (*Rol.*, 2215)
> Le comte Roland, quand il *voit* morts ses pairs,
>   en *eut* pitié et *commence* à pleurer.
> *Quand se* redrecet, *mout par* out *fier le vis.* (*Rol.*, 142)
> Quand il se *redresse* (redressa),[1] il *eut* (avait)
>   le visage très fier.
> *En piez se* drecet *si li* vint *contredire.* (*Rol.*, 195)
> Il se *dresse* sur ses pieds et *vint* le contredire.

L'imparfait, qui, dans la langue moderne, marque une action qui durait dans le passé, est souvent remplacé par le passé défini, qui est le temps de la narration et non de la description. La réciproque a d'ailleurs également lieu, mais beaucoup moins souvent avant le XIIe siècle.

> **Ex:** *Li palais* fut *listez d'azur et d'adimant.*
>   *Li palais* fut *voltiz…*
>   *Et* fut *fait par compas…* (*Pèlerinage*, 334)
>   Le palais *fut* (était) bordé d'azur et de diamant…
>   Il *fut* (était) voûté …
>   Il *fut* (était) bien construit.
>   *Bons* fut *li siecles al tems ancienour,*
>   *Quer feit i eret et justicie et amour.* (*Alexis*, 1)
>   Bon fut (était) le monde au temps passé,
>   car il y *régnait* justice et amour.
>   *Vairs* out *les oilz et molt fier le visage;*
>   *Gent* out *le cors et les costez molt larges.*
>   *Tant par* fut *bels, tuit si per l'en esgardent.* (*Rol.*, 299)
>   [Ganelon] *eut* (avait) les yeux vairs et le visage
>   très fier; il *eut* (avait) le corps bien fait et les
>   côtés très larges; il *fut* (était) si beau que tous
>   ses pairs le regardent.

C'est surtout dans l'emploi des verbes *être* et *avoir* que cette confusion des temps du passé a lieu.

Mais au XIIe siècle, l'emploi de l'imparfait se développe d'une façon de plus en plus sensible, surtout chez Chrestien de Troyes.

---

1 Nous mettons entre parenthèses, dans les exemples qui suivent, les formes qu'exigerait la syntaxe actuelle.

«C'est un des grands changements survenus du XIe au XIIIe siècle.»[1]

Le passé défini et le passé indéfini sont souvent employés l'un pour l'autre.

Ex: *Carles li reis, nostre emperere magnes,*
Set anz entiers est remes *en Espagne;*
Tresqu'en la mer conquist *la terre altaigne.*   (*Rol.*, 1)
Charles, le roi, notre grand empereur, sept ans entiers est resté en Espagne; jusqu'à la mer il *conquit* (a conquis) la haute terre.
Cordres at prise *et les murs peceiez*
Od ses cadables les tors en abatiet   (*Rol.*, 97)
Il *a pris* Cordes et brisé ses murs; avec ses machines il en *abattit* les tours.
Vinc *en Jérusalem par l'amistét de Deu;*
La croiz et le sepulcre sui venuz *aorer.*   (*Pèlerinage*, 154)
Je *vins* à Jérusalem pour l'amour de Dieu; je *suis venu* adorer la croix et le sépulcre.

Le passé antérieur est souvent employé pour le plus-que-parfait (qui est très rare en ancien français), surtout dans les propositions relatives. Cet emploi disparaît au XVIe siècle.

Ex: *Il ot pleü* : il avait plu (exactement: il *eut plu*).
(*Raoul de Cambrai*, 2781)
Quand Raous fut *jovenceaus a Paris*
A escremir ot *as enfanz* apris.
(*Raoul de Cambrai;* G. Paris, *Chrest.*, v. 74)
Quand Raoul *fut* (était) jouvenceau à Paris, il *avait appris* (mot à mot: il *eut appris*) l'escrime avec les enfants royaux.
Dessus un pui vit une ville ester
Que Sarrazin i orent fait *fermer.*
(*Aimeri de Narbonne;* G. Paris, *Chrest.*, v. 35–36)
Sur une hauteur il vit une ville que les Sarrasins *eurent fait* (avaient fait) fortifier.
Li empereres out *sa raison* finie.   (*Rol.*, 193)
L'empereur *eut* (avait) terminé son discours.

---

1 Brunot, *Hist. de la langue française*, I, 241.

Pour l'emploi et le sens des rares formes anciennes du plus-que-parfait, cf. *supra,* Morphologie, p. 129.

Le futur antérieur peut quelquefois servir à rendre, par une extension de sens, l'idée du passé.

Ex: *E Durendal...*
Molt larges terres de vos avrai conquises. (*Rol.,* 2352)
Eh! Durendal, que de terres j'*aurai conquises* par vous! (c'est-à-dire *j'ai conquis*).
Veüd avrons cest orgoillos rei Carle. (*Rol.,* 3132)
Nous *aurons vu* (= nous avons vu, c'est un messager qui parle) cet orgueilleux roi Charlemagne.

Cf. ces vers de Corneille:
Je verrai les lauriers d'un frere ou d'un mari
Fumer encor d'un sang que j'aurai tant chéri.
(Corneille,[1] *Horace,* II, 6, 649-50)

Conditionnel

Le conditionnel dit présent a, à peu près, dans les propositions indépendantes, le même emploi que dans la langue moderne; seulement il subit la concurrence de l'imparfait du subjonctif; cf. *infra,* p. 182.

Ex: *De soe part vos voldreie preier.* (*Cour. de Louis,* 516)
De sa part je voudrais vous prier.

Le conditionnel passé est d'un emploi très rare. Il est remplacé ordinairement par le plus-que-parfait du subjonctif et quelquefois par l'imparfait du subjonctif; cf . *infra,* p.182.

EMPLOI DE L'IMPÉRATIF

L'impératif peut être précédé d'un pronom sujet. L'impératif négatif se rendait fréquemment par l'infinitif précédé de la négation: il correspond à la 2e personne du singulier.

---

1   Cité par Ayer, *Gram. fr.,* 4e éd., § 204.

Ex: *E reis celestes, tu nos i fai venir!*   (*Alexis*, 335)
Eh! roi céleste, fais nous y venir!
Nel dire ja.   (*Rol.*, 1113)
Ne le dis pas, ne parle pas ainsi.
Damnes Deu pedre, nen laissier honir France.   (*Rol.*, 2337)
Seigneur Dieu le père, ne laissez pas honnir la France.
Charles ne t'esmaier, ço te mandet Jesus.   (*Pèlerinage*, 674)
Charles, ne t'effraie pas, te mande Jésus.

On trouve aussi quelquefois un infinitif employé sans négation en fonction d'impératif: il est alors précédé de *de* et de l'article et la phrase impérative débute par *or*.[1]

Ex: *Or del mangier:* eh! bien, mangeons.
Or del bien faire: songeons à bien faire.
Or du ferir: allons, frappons.

L'impératif est souvent précédé de *car* (*quar, quer*), qui peut se traduire par *donc, eh bien!*

Ex. *Ço dist li pedre : « Filz, quer t'en va colchier. »*   (*Alexis*, 52)
Le père dit: « Fils, eh bien, va te coucher. »

Quar chevalchiez = allons! à cheval! est fréquent dans la *Chanson de Roland*.

Emploi Du Subjonctif
Présent

Le subjonctif marquant un désir, un souhait (ou un ordre) s'emploie ordinairement sans *que*.

Ex: *Deus li otreit sainte beneïçon!*   (*Rol.*, 2245)
Que Dieu lui octroie sa sainte bénédiction!
Ja la vostre amne nen ait duel ne soffraite!
De pareïs li seit la porte overte!   (*Rol.*, 2257)
Que votre âme n'ait ni deuil ni douleur;
que du Paradis la porte lui soit ouverte!
Ne vos ait hom qui face coardie!   (*Rol.*, 2351)

---

1 G. Paris, *Chrest.*, 4e éd., p. LXXIII.

> Ne vous ait homme qui fasse couardise!
> *Ne placet Deu ne ses sainz ne ses angeles!* (*Rol.*, 3718)
> A Dieu ne plaise, ni à ses saints ni à ses anges !
> *Aït vos Deus, qui onques ne mentit!* (*Rol.*, 1865)
> Que Dieu vous aide, qui jamais ne mentit!

Le *subjonctif-optatif* (marquant le désir) existe encore sans la conjonction *que* dans la syntaxe moderne, mais avec certains verbes seulement.

Ex: *Fasse le ciel que; Puissé-je de mes yeux y voir tomber ce foudre; Périssent les colonies plutôt que les principes; Il Dieu ne plaise.*

Ce qui n'est plus qu'une exception était la règle dans l'ancien français. Au XVIe siècle cette règle était encore en plein usage: *Souvienne-vous des Athéniens* (Montaigne, I, 9) *Aille devant ou après* (*Id.*, I, 25).[1]

Au XVIIe siècle, les exemples ne sont pas rares:

> *Deviennent tous pareils à ces vaines idoles* (Corneille, IX, 315)
> *Ceux qui leur donnent l'être!*
> *Quiconque est loup agisse en loup.* (La Fontaine, *Fables*, III, 3)
> *Je meure, si je savais cela!*
> *Me confonde le ciel!* (Molière)
> *Je sois exterminé, si je ne tiens parole!*
> (Molière, *Dépit amoureux*, IV, 3)[2]

Le subjonctif présent s'emploie volontiers dans les formules de souhait commençant par *si* (= lat. *sic*)[3] et quelquefois par *se*.

Ex: *Si m'aït Deus!* (formule très fréquente)
Que Dieu m'aide! Par Dieu!
Si Dieus me gart!
Puisse Dieu me garder!
Plus vous amoie la moitié,

---

[1] Darmesteter et Hatzfeld, *Le XVIe siècle en France*. Ire éd., p. 268.
[2] Cf. Haase, *Synt. fr.*, § 73.
[3] D'après certains grammairiens ces propositions se rattacheraient aux propositions conditionnelles et *si* proviendrait de la conjonction latine *si* et non de l'adverbe *sic*. En réalité il doit y avoir eu des confusions graphiques entre *se* (= *si* latin) et *si* (= sic) dans des phrases de ce genre; mais nous croyons qu'il y a, à l'origine de ces formules, l'idée de souhait et non celle de condition.

> *Se Dieus ait ja de moi pitié!*
> *Que ne fesoie moi-meïsmes.*   (*Chastelaine de Vergi*, 761)
> Je vous aimais, Dieu me pardonne!
>   la moitié plus que je ne faisais moi-même.

Imparfait et Plus-que-Parfait

L'imparfait du subjonctif, employé dans une proposition indépendante, exprime un regret du passé, un souhait qui ne peut pas être réalisé (mode irréel).

Le plus-que-parfait du subjonctif – plus rarement employé d'ailleurs – peut servir à rendre la même idée.

> **Ex:** *Car la* tenisse *en France et Bertrans si i* fusset,
> *A pis ed a martels sereit aconseüde.*   (*Pèlerinage*, 327–8)
> Car si je la tenais en France (puissé-je la tenir)
>   et que Bertrand y fût, à coups de pics et de
>   marteaux elle serait attaquée![1]
> *E deus, dist-il, quer* oüsse *un serjant*
> *Qui'l me* gardast!   (*Alexis*, 226)
> Eh! Dieu, dit-il, si *j'avais* un serviteur qui me le *garderait!*[2]

L'imparfait du subjonctif a aussi le sens du conditionnel présent.

> Ex. *Mais li quens Guenes iloec ne volsist estre.*   (*Rol.*, 332)
> Mais le comte Ganelon ne voudrait pas être là.

L'imparfait du subjonctif jouait aussi, conformément à son origine (plus-que-parfait du subjonctif en latin), le rôle de conditionnel passé et était même d'un emploi très fréquent dans ce sens.

> **Ex:** *Qui lui* veïst *Sarrazins desmembrer!*   (*Rol.*, 1970)
> Qui l'*aurait vu* démembrer ainsi les Sarrasins!
> *La* veïssiez *la terre si jonchiée!*   (*Rol.*, 3388)
> La vous *auriez vu* la terre si jonchéee!
> *Ki pois* veïst *les chevaliers d'Arabe!*   (*Rol.*, 3473)

---

1 Il s'agit d'une charrue d'or, appartenant au roi de Constantinople, qui émerveille les compagnons de Charlemagne.
2 On verra d'autres exemplel de cet emploi dans l'étude des propositions conditionnelles.

Celui qui *aurait vu* ensuite les chevaliers d'Arabie!
Ne fust la coife de son hauberc treliz,
De ci es denz li eüst *le brant mis.*
                              (*Raoul de Cambrai*, G. Paris, *Chrest.*, v. 63)
Si ce *n'eût été*[1] la coiffe du haubert tressé, il lui *aurait enfoncé* sa lame jusqu'aux dents.

Ja de lour vuel de lui ne dessevrassent.   (*Alexis*, 585)
Jamais, de leur propre volonté, ils ne *seraient séparés* de lui.

Ha! Fine amor, et qui pensast
Que cist feïst vers moi desroi?   (*Chastelaine de Vergi*, 784)
Ah! parfaite[2] amour, qui *aurait cru* que celui-ci me serait infidèle?

L'imparfait du subjonctif s'emploie avec le même sens dans les propositions subordonnées.

Ex : *Mais co'st tels plaiz dont il* volsist *neient.*   (*Alexis*, 49)
Mais c'est un accord dont il *n'aurait* nullement voulu.

INFINITIF

L'infinitif peut être employé en fonction de substantif, sujet d'une phrase, et dans ce cas il prend *s*, signe du cas-sujet. Cet emploi est très fréquent; on sait qu'il s'est restreint à quelques verbes seulement dans la langue moderne.

Ex : *Li corners ne vos avreit mestier.*   (*Rol.*, 1742)
Le corner, le fait de sonner du cor ne vous servirait de rien.

L'infinitif peut être aussi employé, comme un substantif, en fonction de cas-régime.

Ex : *Dieus exodist les suons pensers.*   (*Vie de Saint Léger*, 29 b)
Dieu exauça ses pensers.

---
1 Cf. la tournure moderne : *n'eût été.*
2 *Amour* était du féminin dans l'ancienne langue.

> *Tot nostre vivre et tot nostre mangier*
> *De cel autel le convient repairier.* (*Raoul de Cambrai*, 1348)
> Tout notre vivre et tout notre manger il convient de le tirer de cet autel.

De plus, l'infinitif peut jouer, acccompagné de l'article défini ou d'un adjectif démonstratif ou possessif, le rôle de complément déterminatif, indirect ou circonstanciel.

> **Ex:** *Tens est del herbergier,*
> *En Rencesvals est tart del repaidrier.* (*Rol.*, 2482)
> Il est temps de se reposer, en Roncevaux il est trop tard pour revenir.
> *En cel tirer le coms s'aperçut alques.* (*Rol.*, 2283)
> Au moment où on lui tirait (la barbe), Roland reprit connaissance.

Dans tous les cas où l'infinitif est employé en fonction de substantif, il conserve son caractère de verbe et peut avoir des compléments.

> *Tant me puis esmaier*
> *Que jo ne fui à l'estorn comencer.* (*Rol.*, 2413)
> Je puis m'étonner que je n'aie pas été au début de l'assaut.
> *A l'esmovoir l'ost le roi.* (Joinville)
> Au moment où l'armée du roi se mettait en mouvement.

Infinitif Pur Dépendant d'un Verbe

L'infinitif pur (non substantivé) dépendant d'un verbe peut être relié à ce verbe soit directement, soit par l'intermédiaire d'une préposition. Il y a, sur ce point, des différences assez nombreuses entre la syntaxe ancienne et la syntaxe moderne.

L'ancien français employait l'infinitif complément sans préposition dans des cas nombreux où nous mettrions *à* et plutôt *de*. On construisait ainsi: *prier, rover* (même sens), *conseiller, louer* (conseiller), *consentir, délbérer, feindre, craindre, douter* (craindre), *promettre, souloir* (avoir coutume), *jurer*, etc.

GRAMMAIRE DE L'ANCIEN FRANÇAIS 185

Tous ces verbes peuvent d'ailleurs se construire également avec un infinitif prépositionnel (ou même avec un mode personnel; cf. les propositions complétives).

Ex: Me rogat aler en Ninive. (*Fragm. de Valenciennes*)
Il me pria *d'*aller en Ninive.
Tu me rueves dormir. (*Vie de S. Thomas*, 3325)
Tu me pries de dormir.

La construction d'un verbe avec *à* et l'infinitif était beaucoup plus fréquente en ancien français que dans la langue moderne.

Ex: Tei covenist helme et bronie a porter. (*Alexis*, 411)
C'est à toi qu'il aurait convenu *de* porter le heaume et la cuirasse.
A ferir le desidret. (*Rol.*, 1482)
Il désire le frapper.
L'emperedor lui comande a garder. (*Rol.*, 2527)
Il lui commande *de* veiller sur l'empereur.

On disait aussi: *jurer à* (jurer de); *il me plaist à* (il me plaît de); *je vous avoie oublié a dire* (Joinville, 160).

C'est à des constructions de ce genre qu'on peut rattacher les tournures : *prendre à, faire à,* suivis d'un infinitif.

Prendre à signifie *commencer à, se mettre à: danz Alexis la prist a apeler* (*Alexis*, 62); le seigneur Alexis se mit à l'appeler.

Faire à signifie *qui mérite de, qui est à.*

Ex: Qui molt fait a prisier. (*Aimeri de Narbonne*, 1469)
Qui mérite beaucoup d'être prisé.
Donc faites vos bien a blasmer. (Joinville, 36)
Vous êtes bien coupable.
Malt fait bel ad odir: c'est très beau à entendre.

L'infinitif prépositionnel avec *de* était moins fréquent que dans la langue moderne: mais peu à peu son emploi s'est développé aux dépens de l'infinitif précédé de *à*. Là où l'ancien français disait *essayer a faire*, et dans d'autres cas semblables, la langue moderne dit *essayer de,* etc. On disait de même: *il covient a faire, il lui plaisoit a demourer)* etc.

Parmi les autres prépositions qui peuvent précéder l'infinitif, citons *pour,* qui sert à désigner le but, comme dans la langue moderne, mais qui peut avoir aussi le sens de *malgré, dussé-je, dût-il.*

Ex: *Ja par morir n'eschiveront bataille.* (Rol., 1096)
Jamais, devraient-ils y mourir, ils ne fuiront la bataille.

PARTICIPE PRÉSENT

Le participe présent[1] se décline comme un adjectif de la deuxième classe: cf. la Morphologie. On disait donc: *uns hom chantanz; une femme chantant,* au cas-sujet singulier; au cas-sujet pluriel on disait: *li home chantant, les femmes chantanz;* au cas-régime: *les homes chantanz, les femmes chantanz.*

Les formes en *-ante, -antes* pour le féminin n'existaient pour ainsi dire pas dans l'ancienne langue; des exemples comme les suivants: *si s'en ala criante et plorante* (Livres des Rois, 164), *gens mecreantes* (ibid., 396) sont des plus rares.

Les formes féminines en *-ante, -antes* deviennent plus fréquentes en moyen français; mais jusqu'au XVIe siècle la langue a une tendance à faire l'accord en nombre et non en genre: on disait donc plutôt *des femmes plorans, chantans* que *pleurantes, chantantes.* «Palsgrave déclare même que le participe présent français n'a pas de féminin.»[2] En 1679, l'Académie décide que le participe présent sera invariable, à moins qu'il ne soit devenu adjectif verbal.

---

1 Au début il était invariable; il ne s'est assimilé aux adjectifs qu'à la fin du XIe siècle et au début du XIIe.
2 Brunot, *Gram. hist.,* § 466.

Participes Présents à Sens Passif

La langue moderne a conservé quelques participes présents à sens passif, dans des expressions comme: *rue passante, représentation payante, deniers comptants,* etc. Les participes de ce genre étaient très fréquents dans l'ancienne langue; ils marquent d'ailleurs plutôt une action qui dure qu'un passif proprement dit.

Ex: *Trestuit si nerf molt li sont estendant*
Et tuit li membre de son cors derompant.   (Rol., 3970)
Tous ses nerfs sont très tendus,
Et tous les membres de son corps rompus.
S'en ceste terre puet mais estre ataignanz.
                                (Raoul de Cambrai, 3925)
Si en cette terre il peut être atteint.

On disait: *du vin buvant* (= bon à boire); *se faire connoissant,* se faire connaître; *faire entendant,* faire entendre; *faus dieus mescreants,* auxquels il ne faut pas croire;[1] *au jour du tremblant jugement,* etc.

PARTICIPE PRÉSENT ET GÉRONDIF

L'ancien français possédait un participe présent et un gérondif. Le premier suivait les règles d'accord; le second, correspondant à des formes latines invariables, était invariable comme elles. *Chantanz,* part. prés. (lat. **cantantis*); *chantant,* gérondif (lat. *cantando*).

L'ancienne langue avait une conjugaison périphrastique formée du verbe *être* suivi d'un participe présent.[2] On disait: il *est fuianz,* il *est coranz, il est aidanz, il est chantanz,* c'est-à-dire *il fuit, il court, il aide, il chante,* avec la distinction de l'état et de l'action.

Mais une tournure encore plus fréquente était l'emploi des verbes *aller, venir* (et de quelques autres verbes de mouvement) suivis d'un gérondif. Cette tournure était très usuelle au XVIe siècle et les poètes de la Pléiade en firent un tel abus que Malherbe dut réagir contre cet emploi. Cependant elle était encore restée vivante au XVIIe siècle, comme on le voit par des exemples bien connus: *je*

---

1 Tobler, *Vermischte Beitraege,* I (1re éd.), p. 32 sq.
2 Cf. l'anglais moderne: *I am going,* je suis allant.

m'en vas désaltérant (La Fontaine); cf. dans la langue moderne: *un couplet qu'on s'en va chantant Efface-t-il la trace altière Du pied de nos chevaux marqués dans votre sang?* (Musset)

Les exemples sont très nombreux dans la *Chanson de Roland*: en voici une série, pris dans la même laisse.

> *Por un sol lievre vait tote jorn cornant.*
> *Devant ses pers vait il ore gabant…*
> *Car chevalchiez; por qu'alez arrestant?* (Rol., 1780)
> Pour un seul lièvre il (Roland) va tout le jour cornant.
> Devant ses pairs il se vante maintenant…
> Chevauchez donc; pourquoi vous arrêtez-vous?
> *Son petit pas s'en tornet chancelant.* (Rol., 2227)
> Il s'en revient à petits pas, en chancelant.
> *Fuiant s'en vint* (Rol., 2784); *vient corant.* (Ibid., 2822)
> *S'en est tornét plorant.* (Ibid., 2839)
> *Qui vint plorant, chantant l'en fait raler.* (Alexis, 560)
> Si quelqu'un vint (= vient) en pleurant, il le fait repartir
>   chantant.
> *Et cil s'en torne as esperons brochant.*
>   (Couronnement de Louis, 2456)
> Et celui-ci s'en retourne piquant des éperons.

Le gérondif des verbes marquant une action des sens, principalement de *veoir* et *ouir*, s'employait d'une manière absolue, comme complément circonstanciel.

Ex: *Veant* le *roi*: le roi voyant, sous ses yeux, devant lui. *Oyant le roi·:* le roi entendant, devant lui.

> *Fait son eslais, veant cent milie home.* (Rol., 2997)
> Il fait son galop devant cent mille hommes.
> *Desfi les en, Sire, vostre veiant.* (Rol., 326)
> Je les en défie, Sire, devant vous.
> *Et li dus tout autresi tost*
> *Oiant toz qui oïr le vost.* (Chastelaine de Vergi, 927)
> Et le duc aussitôt, devant tous ceux qui
>   voulurent l'entendre.

Gérondif Précédé d'une Préposition

Le gérondif peut être précédé de la préposition *en*, comme dans la langue moderne: *en riant, en plorant*. Il peut aussi être précédé d'autres prépositions.

Ex: *Li deffendi sor les membres perdant.* (*H. de Bordeaux*, 4646)
Je le lui défendis sous peine de perdre ses membres.
Mais je le fis sor mon cors défendant. (*Ibid.*, 1350)
Mais je le fis à mon corps défendant.

On sait que cette dernière expression s'est maintenue en prenant un sens figuré.

On trouve dans Joinville: *par pais faisant* (= en faisant la paix, par le fait de faire la paix), *par grant treüt rendant* (= en rendant un grand tribut). Cf. encore: *Ne vos leroie par les membres perdant* (*Prise d'Orange*, 1427); je ne vous abandonnerais pas, dussé-je y perdre les membres.

PARTICIPE PASSÉ

Accord du Participe Passé

La règle de l'accord du participe passé en ancien français peut se résumer ainsi: «L'ancienne langue peut à volonté faire accorder ou ne pas accorder le participe passé construit avec *avoir* et son régime, que celui-ci le suive ou le précède.»[1] Ordinairement cependant le participe s'accorde, que le régime direct précède – ce qui arrive plus souvent que dans la langue moderne – ou qu'il suive.

Souvent aussi l'accord ne se fait pas. On peut alors considérer le participe comme un neutre, qui marque simplement l'idée exprimée par le verbe au passé, et qui forme un tout avec l'auxiliaire, qui, lui, marque la personne et le nombre.

Dans la *Chanson de Roland* le participe s'accorde presque toujours[2] avec le régime, quand ce régime est placé entre le verbe auxiliaire *avoir* et le participe.

Ex: *Carles li Magnes at Espagne guastee,
Les castels pris, les citez violées.*

---
1 G. Paris, *Extraits de la Chanson de Roland*, 6ᵉ éd., Rem. 70.
2 D'après les statistiques faits par Etienne, *Essai de grammaire de l'ancien français*, § 377 sq.

> *Ço dit li reis que sa guerre out finée.* (Rol., 703)
> Charlemagne a dévasté l'Espagne, pris les châteaux et violé les cités. Le roi dit qu'il a fini sa guerre.
> *...Carles l'emperére*
> *Mort m'at mes homes, ma terre déguastée*
> *Et mes citéz fraites et violées.* (Rol., 2755)
> Charles l'empereur m'a tué mes hommes, dévasté ma terre, brisé et violé mes cités.

Quand le régime précède l'auxiliaire *avoir*, l'accord se fait trois fois sur quatre environ. Cf. l'exemple cité plus haut:

> *Ço dit li reis que sa guerre out finée.*

Quand le régime est placé après l'auxiliaire et le participe, l'accord se fait ou ne se fait pas (il y a à peu près autant d'exemples d'une construction que de l'autre).

> **Ex:** *Li emperere at prise sa herberge;*
> *Franceis descendent en la terre déserte.*
> *A lor chevalz ont toleites les selles.* (Rol., 2488)
> L'empereur a pris son quartier; les Français descendent sur la terre déserte: à leurs chevaux ils ont enlevé les selles.
> *Od vos caables avez froisét ses murs,*
> *Ses citéz arses et ses hommes vencuz.* (Rol., 237)
> Avec vos machines vous avez brisé ses murs, brûlés ses cités et vaincu ses hommes.

Telle est la règle à la fin du XIe siècle. Dans la période suivante l'accord continue à se faire en général quand le régime précède le participe: cette tradition s'est maintenue jusqu'à la langue moderne.

Dans les autres cas la langue a une tendance à considérer le participe comme une forme neutre faisant corps avec l'auxiliaire et ne prenant pas l'accord. Ce n'est qu'au XVIIe siècle que la syntaxe a été fixée sur ce point.

La même liberté de construction se retrouve dans les phrases où le participe précédé d'un régime direct précède lui-même un infinitif: *je les ai fait voir;* l'ancienne langue pouvait dire: *je les ai faits voir, je l'ai fait* ou *je l'ai faite voir; je les ai fait* ou *je les ai faites voir; je les ai fait* ou *faites venir; je les ai faits venir.*

Participe Passé avec le Verbe Être

On trouve le participe passé construit avec le verbe *être* dans les verbes passifs, et aux temps composés des verbes pronominaux et intransitifs. L'accord, dans tous les cas, se fait avec le *sujet* (et non avec le *régime*, comme cela a lieu dans la langue actuelle avec certains verbes pronominaux).

Ex: *Mais chier me sui venduz.* (*Rol.*, 2053)
Mais je me suis vendu cher.
Amont parmi ces heaumes se sont entreferu.
(*Fierabras*, 1440)
En haut sur les heaumes ils se sont « *entrefrappés* ».

On disait de même: *il est evanoïz* (verbe passif, avec participe au cas-sujet) et *il s'est evanoïz* (verbe pronominal, avec participe au cas-sujet); pluriel: *il sont evanoï, il se sont evanoï*. « Cette règle ne comportait aucuns exception. »[1]

Le participe passé construit avec *être* est quelquefois invariable quand il commence la phrase: il est alors traité comme un neutre.

Ex: *Averé fut par cette fin*
La prophecie de Merlin. (*Phil. Mousket*, 19124)
Par cette fin fut rendue vraie
la prophétie de Merlin.
Benoit soit l'eure qu'en mes flans fut portée. (*Aliscans*, 86)
Bénie soit l'heure où elle fut portée dans
mes flancs.

Cf. encore aujourd'hui: *il est venu deux personnes.*

L'emploi des neutres comme *approuvé, attendu, ci-joint, ci-inclus*, invariables quand ils précèdent le substantif, s'explique par cette tournure.

Pour les participes devenus prépositions comme *excepté, hormis*, etc., cf. *supra*, Morphologie, p. 133.

---

[1] Darmesteter, *Cours de grammaire historique*, 4e partie (2e éd.), p. 101. Toutes ces pages sur les verbes pronominaux sont excellentes.

CHAPITRE 10
Propositions Subordonnées

Nous traiterons d'abord des propositions *complétives* et *interrogatives*, puis des propositions *relatives:* en second lieu des propositions subordonnées *circonstancielles: finales, consécutives, conditionnelles, comparatives, concessives, causales, temporelles.*

On trouvera dans l'emploi des modes tantôt des différences importantes avec la syntaxe moderne (propositions *complétives, conditionnelles*), tantôt des différences insignifiantes (propositions *relatives, finales*). Une grande liberté – qui n'est pas d'ailleurs l'arbitraire, mais qui provient quelquefois d'une conception logique non gênée par des règles étroites – règne dans cette partie de la syntaxe, comme dans celles que nous avons déjà étudiées.

En ce qui concerne l'emploi des modes, la règle générale, conservée par l'usage moderne, est que l'indicatif est de rigueur quand il s'agit d'un fait réel, tandis que le subjonctif s'emploie quand il s'agit d'un fait simplement possible ou douteux.

Ajoutons que le subjonctif, dans les propositions subordonnées – directes ou circonstancielles – est d'un usage plus fréquent dans la langue ancienne que dans la langue moderne (cf. les propositions *complétives, conditionnelles, concessives* et même *temporelles*).

PROPOSITIONS COMPLÉTIVES

Dans les propositions complétives ou subordonnées directes le verbe peut être, suivant le sens du verbe de la proposition principale, au subjonctif, à l'indicatif ou même à l'infinitif.

Après les verbes qui signifient croire, estimer, penser, etc.
Après les verbes qui signifient *croire, estimer, penser* (a. fr. *cuidier*), *sembler, être vis* (impersonnel neutre), l'ancienne langue emploie volontiers le subjonctif, pour peu que l'action marquée par le verbe de la proposition subordonnée soit fausse ou simplement douteuse (ce qui est souvent le cas avec *sembler, être vis*).

Ex: *Sire, ce croi-je bien qu'ele soit morte.* (*Ch. de Vergi*, 875)

GRAMMAIRE DE L'ANCIEN FRANÇAIS 193

Sire, je crois bien qu'elle est morte.
Ele... le duc atise
A croire que mout soit irie. (*Ibid.*, 574)
Elle excite le duc à croire qu'elle est très irritée.
Je cuidoie que plus loiaus me fussiez. (*Ibid.*, 758)
Je croyais que vous m'étiez plus loyal.
Et cuide que veritéz soit. (*Ibid.*, 648)
Et il pense que c'est la vérité.

Comme on le voit par ces exemples, il n'est pas nécessaire pour employer le subjonctif que la proposition principale soit négative ou interrogative, comme dans la langue moderne.

Autres exemples:

Ço lor est vis que tiengent[1] Deu medisme. (*Alexis*, 539)
Il leur semble qu'ils tiennent Dieu lui-même.
Que il lor semblait que ele durast trop. (Villehardouin, 197)
Il leur semblait qu'elle durait trop.

Cette construction avec le subjonctif était encore fréquente au XVIIe siècle.

Ex: *La plus belle des deux je crois qut ce soit l'autre.*
(Corneille, *Menteur*, I, 4)
Ils pensent que ce soit une sainte en extase. (Balzac)

Cf. supra : *Ça lor est vis qu'il tiengent Dieu medisme.*

Après les verbes narratifs: dire, raconter, narrer, tesmoigner, etc.

Après les verbes *narratifs: dire, raconter, narrer, tesmoigner*, etc., le verbe est à l'indicatif, comme dans la langue actuelle. Mais quand ces verbes sont accompagnés d'une négation ou qu'ils sont interrogatifs, le subjonctif est de règle, parce que la négation ou l'interrogation introduisent une nuance de doute.

Ex: *N'en vanteras ... que mi aies tolut.* (*Rol.*, 1962)
Tu ne te vanteras pas que tu me l'aies enlevé.
Ne dites mie je vous aie trahi. (*Raoul de Cambrai*, 2318)
Ne dites pas que je vous ai trahi.

---
1 Subj. prés., 3e p. pl., de *tenir*.

Le subjonctif peut même être employé en dehors de ces cas:
> Qu'en ai odit parler estranges soldeiers
> Que issi grant barnage nen ait nuls reis soz ciel.
>
> (*Pèlerinage*, 312)
>
> Car j'ai entendu raconter à des soldats étrangers
> qu'aucun roi sous le ciel n'a un aussi grand
> nombre de chevaliers.

Cf. encore au XVIIe siècle: *Vous diriez qu'il ait l'oreille du prince*. (La Bruyère).

Après les verbes marquant un acte de la volonté

Après les verbes marquant un acte de la *volonté*, c'est-à-dire l'ordre, la défense, le conseil ou la prière, etc.: *commander, mander* (même sens que *commander*), *dire* (idem); *défendre; conseiller, loer* (même sens); *prier*, etc., on trouve plus souvent le subjonctif que l'infinitif.

> **Ex:** *Quand Deu del cel li manda par un angele*
> *Qu'il te donast à un comte cataigne.* (*Rol.*, 2319)
> Quand Dieu lui manda du Ciel par un ange
>   de te donner à un vaillant comte.
> *Je vos comant qu'en Sarragoce algez.* (*Rol.*, 2673)
> Je vous commande d'aller à Saragosse.
> *Ki ço vos lodet q'ue cest plait degetons,*
> *Ne li calt, Sire, de quel mort nos marions.* (*Rol.*, 226)
> Celui qui vous conseille de rejeter cette
>   convention, peu lui importe, Sire, de
>   quelle mort nous pouvons mourir.
> *Et ço li prient que d'els aiet mercit.* (*Alexis*, 508)
> Et ils le prient qu'il ait pitié de lui.
> *Por Deu vos pri que ne seiez fuiant.* (*Rol.*, 1516)
> Pour Dieu, je vous prie de ne pas fuir.

Il se produit quelquefois un changement de construction et on trouve l'impératif dans la subordonnée.

> **Ex:** *Je te requier qu'en guerredon*
> *D'un de ces cierges me fai don.* (G. de Coins., 316,42)

> Je te prie qu'en récompense: fais-moi don
> d'un de ces cierges.
> *Jou te conjur… que revien par moi.*   (Phil. Mousket, 11794)
> Je t'en conjure: reviens par moi.

On rencontre aussi quelquefois, même après *que*, l'infinitif négatif en fonction d'impératif.

> *Garde que trop ne te haster.*   (*Chastoiement d'un pere*, II, 346)
> Garde-toi de trop te hâter.
> *Mès garde que n'i parler mie.*   (*Athis*, 1146)
> Garde-toi de rien dire.[1]

Après les verbes marquant la crainte, etc.

Après les verbes marquant la *crainte* ou l'*empêchement: criendre, doter, se redoter; se garder; ne laissier*, etc., le subjonctif est de règle; l'indicatif se rencontre aussi; il marque alors l'accomplissement positif d'une action, l'idée d'appréhension étant laissée de côté.[2]

> **Ex:**   *Se senz guarde remaint, criem qu'ele seit perdude.*
>   (*Pèlerinage*, 322)
> Si elle reste sans garde, je crains qu'elle ne soit perdue.
> *Jo ne lerroie… Que ne li die.*   (*Rol.*, 459)
> Je ne laisserais pas de lui dire.
> *Gardez de nos ne tornez[3] le corage.*   (*Rol.*, 650)
> Gardez-vous de changer vos sentiments pour nous.

Quant à l'emploi de la négation *ne* dans la subordonnée, après les verbes marquant la crainte, il est assez libre: à côté de la construction *Criem qu'ele seit perdude*, on trouve *Molt criem que ne t'en perde* (*Alexis*, 60).

Après les expressions marquant la douleur, etc

Après les expressions marquant la *douleur*, l'*étonnement*, comme: *c'est malheureux que, c'est merveille que, c'est étonnant que*, l'ancien français, contrairement à l'usage moderne, emploie le mode indicatif.

---

1 Etienne, *Essai de grammaire* de l'*a. fr.*, § 400.
2 Cf. pour le XVIIe siècle, Haase, § 77.
3 Subj. prés. et non indicatif.

> **Ex:** *Co'st grant merveille que li miens cuers tant duret.*[1] (*Alexis*, 445)
> C'est étonnant que mon cœur supporte tant
>   de souffrances.
> *Co'st grant merveille que pitiét ne t'en prist.* (*Alexis*, 440)
> C'est étonnant que la pitié ne t'ait pas saisi.
> *Deus! quel dolor que li Franceis nel sévent!* (*Rol.*, 716)
> Dieu! quel malheur que les Français ne le sachent pas!
> *... Mout me mervoil*
> *Que folement vos voi ovrer.* (Chr. de Troyes, *Ivain*, 1599)
> Je m'étonne beaucoup de vous voir agir si follement.

Omission de la Conjonction Que

Une des particularités de l'ancien français c'est le non-emploi de la conjonction *que* dans les subordonnées complétives, surtout après une proposition principale négative. Les exemples de cette omission sont innombrables.[2]

> **Ex:** *Ço sent Rolanz la veüe ad perdüe.* (*Rol.*, 2297)
> Roland sent qu'il a perdu la vue.
> *Ne lesserat bataille ne lur dont.* (*Rol.*, 859)
> Il ne laissera pas de leur donner bataille.
> *Carles li Magnes ne puet muer rien plort.* (*Rol.*, 841)
> Charlemagne ne peut s'empêcher de pleurer.

L'omission de la conjonction *que* est surtout fréquente après *savoir, être certain*, etc.

> **Ex:** *Ço set hom bien, n'ai cure de manace.* (*Rol.*, 293)
> On sait bien *que* je n'ai cure des menaces.

Quelques vers plus haut on trouve d'ailleurs:

> *Ço set hom bien que je suis tis parastre.* (v. 287)
> On sait bien *que* je suis ton parâtre.
> *Qui que s'en aut,*[3] *sachiez je remandrai.* (*A. de Narbonne*)
> Qui que ce soit qui s'en aille, sachez *que* je resterai.

---

1 Le subj. présent 3ᵉ p. sg. serait *durt*.
2 Cf. *supra*, p. 162, l'omission de *qui* dans les propositions relatives.
3 Subj. prés., 3ᵉ p. sg., du verbe *aler; aut* = *alt*, avec vocalisation de *l*.

Enfin l'ancienne langue pouvait aussi omettre la conjonction *que* devant une proposition consécutive.

Ex: *Donc out tel doel, onques mais n'out si grant.* (Rol., 2223)
Alors il eut une telle douleur que jamais il
n'en eut d'aussi grande.

Quatre vers plus haut on trouve:

Si grant doel out que mais ne pout ester.

Répétition de la Conjonction Que

Il n'est pas rare, dans une proposition complétive, que la conjonction *que* soit répétée après une phrase placée en incise.

Ex: *Sachiez* que, *si Dieus vueut*, que *tuit morrons.*

PROPOSITIONS, INTERROGATIVES INDIRECTES

Elles commencent par un pronom interrogatif (*qui, quel*, etc.), par un adverbe interrogatif (*come, coment*), ou par une conjonction, en particulier par *si*. Le mode est l'indicatif, comme dans la syntaxe moderne. Mais on trouve souvent le subjonctif: il correspond dans ce cas à un conditionnel (ou même à un futur) dans la proposition interrogative directe: c'est d'ailleurs la construction latine.

Ex: *Or ne sai jo que face.* (Rol., 1982)
Je ne sais que faire. (Interrogation directe: *que ferai-je?*)
Ne li chalt, Sire, de quel mort nos morions. (Rol., 227)
Peu lui importe, Sire, de quelle mort nous
pouvons mourir.
Ne set liquels d'els mielz lui plaise. (C. de Troyes, *Erec*, 2360)
Il ne sait lequel d'entre eux lui plaît le plus.
Et ne voi coment ele puisse estre ferme. (Villehardouin, 189)
Et je ne vois pas comment elle peut être ferme.

L'interrogation avec le verbe à l'infinitif précédé d'un pronom interrogatif est connue de l'ancienne langue.

> **Ex:** *Ne sai cui entercier.* (*Alexis*, 177)
> Je ne sais qui reconnaître.

Propositions Relatives

La syntaxe de ces propositions ne présente pas de différences sensibles avec la syntaxe moderne. Ainsi on emploie le subjonctif, comme aujourd'hui, quand le relatif introduit une phrase qui marque un but, une intention.

> **Ex:** *Enfant nos done qui seit a ton talent.* (*Alexis*, 25)
> Donne-nous un enfant qui soit selon ton désir.

Aujourd'hui cette construction n'est possible qu'après un substantif indéterminé: en ancien français, comme en latin, le substantif pouvait être déterminé.

> *Quatre homes i tramist arméz*
> *Qui lui alassent decoller.* (*Saint Léger*, 37)
> Il y envoya quatre hommes armés pour
>   aller lui couper le cou.

On trouve, comme dans la syntaxe moderne, le subjonctif après une proposition principale négative ou interrogative.

> **Ex:** *N'avez baron qui mielz de lui la facet.* (*Rol.*, 750)
> Vous n'avez pas de baron qui la forme
>   (l'avantgarde) mieux que lui.

Dans les phrases comme: *N'i at celui n'ait poor de sa vie* (*Aimeri de Narbonne*, 1089), la construction est la même, malgré l'omission du relatif. Cf. supra, p. 162.

Quand un superlatif sert d'antécédent au pronom relatif, le verbe de la subordonnée est au subjonctif ou à l'indicatif, comme dans la langue moderne, suivant la nuance qu'on veut exprimer. Seulement encore ici la langue du moyen âge a plus de liberté que la langue actuelle.

Les pronoms relatifs indéfinis *qui qui, que que,* etc., se construisent avec le subjonctif.

Ex: Que mort l'abat, qui qu'en plort o qui'n riet.   (Rol., 3354)
Il l'abat mort, qui que ce soit qui en pleure ou qui en rie.
Ambure ocit, qui quel blasmt ne le lot.   (Rol., 1589)
Il les tue tous les deux, quel que soit celui qui le blâme ou le loue.
Qui quels rapelt, ja nen retorneront.   (Rol., 1912)
Qui que ce soit qui les rappelle, jamais ils ne retourneront.

L'ancien français pouvait introduire un subjonctif optatif dans une proposition subordonnée relative, ce qui est contraire à l'usage moderne.

Ex: Paien, cui Dieus maldie!
Païens, que Dieu puisse maudire!
Godefrois, cui ame soit sauvée. (Bauduin de Sebourc, XXV, 64)
Godefroy, dont l'âme puisse être sauvée!

Double Pronom Relatif

Dans la phrase suivante: *deux brebis siennes que il dit que je li ay mangies* (*Ménestrel de Reims,* 405), le premier *que* sert de régime à *mangies,* tandis que le second est une conjonction. On sait que cette tournure complexe, mais logique et commode, s'est maintenue jusque dans la langue moderne.

La phrase peut d'ailleurs, par suite d'une confusion· entre le pronom relatif et la conjonction, se présenter. sous une autre forme.

Ex: Ne dirai chose que je cuit qui vous griet.   (Cliges, 5523)
Je ne dirai rien que je croie qui puisse vous attrister.[1]

Le pronom relatif régime suivi de *il* (*qu'il*) est souvent remplacé par *qui;* la confusion a été facilitée par le fait que *l* finale s'étant amuie de bonne heure, *qu'il* s'est réduit, dans la prononciation, à *qu'i, qui.*

---

[1] Voir de nombreux exemples dans Tobler, *Vermischte Beitraege* I (Ire éd.), p. 104, sq.

> **Ex:** ... *Il faisoit*
> *Totes les choses qui savoit*
> *Qu'a la dame deüssent plaire.* (*Fabliaux*, Méon, I, 174, 9)
> ... *Celui qui li sanble*
> *Que des autres soit sin et mestre.* (*Rom. de la Charrette*, 4186)

PROPOSITIONS FINALES

Elles se construisent, comme aujourd'hui, avec le subjonctif. Elles sont introduites par les conjonctions: *que* (dont les sens sont assez variés) et ses composés: *a fin que.* (qui ne paraît pas antérieur au XIVe s.), *pour que, pour ce que* (qui pouvait être réduit à *pour ce*), etc.

> **Ex:** *A l'altre voiz lor fait altre somonse*
> *Que l'ome Deu quiergent.*[1]   (*Alexis*, 297)
> La seconde fois que la voix parle, elle leur fait un autre avertissement, pour qu'ils cherchent l'homme de Dieu.
> *Seez vous ci, bien pres de moi, pour ce que on ne nous oie.* (Joinville, 37)
> Asseyez-vous ici, bien près de moi, pour qu'on ne nous entende pas.
> *Por ce le fist ne fust aparissant.*   (*Rol.*, 1779)
> Il le fit pour *que* cela ne parût pas.

PROPOSITIONS CONSÉCUTIVES

Elles peuvent marquer un but atteint ou à atteindre. Dans le premier cas, le mode est l'indicatif; dans le second cas, on emploie le subjonctif; c'est l'usage moderne. Elles sont introduites par *tant que, si que, que*, etc.

> **Ex:** 1° *Tant aprist letres que bien en fut guarniz.*   (*Alexis*, 34)
> Il apprit tant les lettres qu'il en fut bien orné.
> **Ex:** 2° *Me colchiez dous deniers que li uns seit sur l'autre.*
>   (*Pèlerinage*, 608)
> Placez-moi deux deniers de manière que l'un soit sur l'autre.

---

1 Présent du subjonctif de *querir*.

La conjonction *que* est souvent sous-entendue.

Ex: *Il l'aiment tant ne li faldront nient.* (Rol., 397)
Ils l'aiment tant qu'ils ne lui manqueront pas du tout.

Quand la subordonnée consécutive commence par *que nus plus*, le verbe est ordinairement omis.

Ex: *Tant fut biaus varlès que nus plus.* (*Nouv. fr. du XIIIe s.*, p. 30)
Ce fut un beau valet comme pas un au monde.
Ainsi s'en va dolans que nus plus. (*Enfances Ogier*, 2976)
Il s'en va triste comme pas un.

PROPOSITIONS CONDITIONNELLES

L'ancienne langue connaît toutes les formes de la proposition conditionnelle que présente la langue actuelle. Mais grâce à l'emploi de l'imparfait et du plus-que-parfait du subjonctif, elle possède un plus grand nombre de combinaisons.

Voici d'abord des cas où l'hypothèse, la condition sont indiquées par le verbe à l'imparfait du subjonctif, sans qu'il soit nécessaire de le faire précéder de la conjonction *si, se*) qui sert à introduire les propositions conditionnelles.

Ex: *Car la tenisse en France e Bertrans si i fusset,*
A pis et a martels sereit aconseüde. (*Pèlerinage,* 327)
Car si je la tenais en France et que Bertrand y fût, à coups de pics et de marteaux elle serait vite démolie.
Quer oüsse un serjant…
Jo l'en fereie franc. (*Alexis,* 226)
Si j'avais un serviteur… je le ferais libre.
Fust i li reis, n'i oüssons damage. (Rol., 1102)
Si le roi y était, nous n'y aurions pas de dommage.

Au vers 1717 de la *Chanson de Roland,* la même idée est exprimée par la tournure: *Si fust li reis…*

On peut considérer ces subjonctifs comme des subjonctifs optatifs; mais en fait il y a dans la pensée une hypothèse.

Hypothèse Marquant la Possibilité

Si l'hypothèse se rapporte au futur ou si elle est considérée comme simplement possible, le verbe de la proposition conditionnelle peut se mettre à la plupart des temps de l'indicatif (y compris le futur, à la différence de la langue actuelle); le verbe de la principale peut être à l'indicatif ou au conditionnel.

Ce sont les règles de la syntaxe moderne, sauf en ce qui concerne l'emploi du futur dans la proposition conditionnelle. Cet emploi du futur est très rare d'ailleurs et ne se trouve guère que dans des textes traduits du latin.

Ex: *Se truis Rolland, de mort li doins fidance.* (Rol., 914)
Si je trouve Roland, il peut être sûr de sa mort
(mot à mot: je lui donne confiance de mort).

Il est inutile de donner des exemples de toutes les constructions possibles, qui sont nombreuses. Voici un exemple de l'emploi du futur dans la conditionnelle.

Ex: *Si je monterai el ciel, tu iluec iés; si je descendrai en enfer, tu iés.* (*Psautier d'Oxford*, 138, 7)
Si je monte (monterai) au ciel, tu es là;
si je descends en enfer, tu y es présent.

Quelquefois, mais rarement et principalement avec une négation, le verbe de la proposition conditionnelle est au subjonctif présent.

Ex: *S'en ma mercit ne se colzt*[1] *a mes piéz,*
Et ne guerpisset la lei de chrestiiens,
Jo li toldrai la corone del chief. (Rol., 2682)
Si en ma merci il ne se couche pas à mes pieds et s'il n'abandonne pas la loi des chrétiens, je lui enlèverai la couronne de la tête.

Mode Irréel

Le *mode irréel*, c'est-à-dire l'hypothèse se rapportant au passé ou à un présent irréalisable, s'exprime de différentes manières.

---

1 Subj. prés. de *colchier*.

Le verbe de la proposition conditionnelle est: 1° ordinairement à l'*imparfait du subjonctif* (ou plus rarement au *plus-que-parfait*); 2° quelquefois, comme dans la langue moderne, à *l'imparfait* ou au *plus-que-parfait de l'indicatif;* 3° plus rarement au *conditionnel.*

Le verbe de la proposition principale est à *l'imparfait* ou au *plus-que-parfait du subjonctif:* très souvent au *conditionnel.*

1° *Imparfait du subjonctif* (ou *plus-que-parfait*) dans la proposition conditionnelle.

Ex: Se vedissons Roland...
Ensemble od lui i donrions granz colps. (Rol., 1804)
Si nous voyions Roland... ensemble avec lui
  nous y donnerions de grands coups.
S'i fust li reis, n'i oüssons damage. (Rol., 1717)
Si le roi y était, nous n'y aurions pas de dommage.
Se·m creïssez, venuz i fust mis sire. (Rol., 1728)
Si vous m'aviez cru, mon seigneur y serait venu.
S'altre·l desist, ja semblast grant mençonge. (Rol., 1760)
Si un autre l'avait dit, cela semblerait un grand
  mensonge.
E s'il volsist, il l'eüst mis a pié. (Cour. de Louis, 1095)
Et s'il avait voulu, il l'aurait renversé.
Vos l'eüssiez destruit, se vos eüst pleü. (Aye d'Avignon, 3732)
Vous l'auriez détruit, si cela vous avait plu.[1]

2° *Imparfait ou plus-que-parfait de l'indicatif* dans la proposition conditionnelle (construction moderne). Cette combinaison n'apparaît guère qu'au XIIe siècle; elle paraît inconnue à la plus ancienne langue.

Ex: S'il le saveit, vos seriés vergondé. (Huon de Bordeaux, 4003)
S'il le savait, vous seriez honni.
S'or vos aloie lor terre abandonner,
Tuit gentil home m'en devroient blasmer.
  (Raoul de Cambrai, 839)
Si maintenant j'allais vous abandonner leurs terres, tous les gentilshommes m'en devraient blâmer.

---

1 L'emploi de deux plus-que-parfaits du subjonctif est assez rare – Brunot, *Histoire de la langue française.* I, 255.

3°   Emploi du *conditionnel* dans la proposition conditionnelle (construction rare).

Ex: *Se tu ja le porroies a ton cuer rachater,*
Volentiers te lairoie arière retorner.   (*Fierabras*, 623)
Si jamais tu pouvais le racheter avec ton cœur,
    volontiers je te laisserais revenir en arrière.

Des exemples de cette construction existent encore au XVIIe siècle.[1]

Je meure, si je saurois vous dire qui a le moins de jugement.
(Malherbe, II, 634)

Dans ces trois cas, le verbe de la proposition principale est, comme nous l'avons dit plus haut, au conditionnel (présent ou passé), à l'imparfait ou au plus-que-parfait du subjonctif. Il ne semble pas qu'on puisse établir de règle précise au sujet de ces emplois. Notons seulement que la formule la plus courante, quand les deux propositions du *mode irréel* concernent le présent ou le futur, paraît être: *si j'osasse – je demandasse* (= en fr. mod.: *si j'osais, je demanderais*).

Propositions Relatives Conditionnelles

Nous avons vu plus haut (p. 201) qu'une phrase pouvait être conditionnelle, sans que la conjonction *si* y fût exprimée. Il en est de même pour les propositions en apparence relatives où *qui* signifie *si on, si quelqu'un*. Cf. les exemples à la syntaxe des pronoms relatifs et les exemples suivants.

Ex: *Qui podreit faire que Rollanz i fust morz*
Donc perdreit Charles le dextre bras dei cors.   (*Rol.*, 996)
Si on pouvait faire que Roland y fût tué, alors
    Charles perdrait le bras droit du corps.
Qui donc odist Monjoie escrider,
De vasselage li poüst remembrer.   (*Rol.*, 1181)
Si quelqu'un avait entendu le cri de *Montjoie*, il
    aurait eu une idée de ce qu'est le courage.

---

1   Haase, *Syntaxe française du XVIIe siècle.* § 66, C.

Liaison Des Propositions Conditionnelles

Quand deux ou plusieurs propositions conditionnelles se suivent, *se* peut être répété ou sous-entendu.

Ex: *Se Karlemaines veut et il lui vient a gré.* (*Fierabras*, 5996)
Si Charlemagne le veut et s'il lui vient à gré.

Ces propositions peuvent aussi être unies par la conjonction *que* suivie du subjonctif, comme dans la langue actuelle.

Ex: *Et se Gui vous eschape, que vous ne l'ochiez,
Mal nous arez baillis.* (*Gui de Nanteuil*, 882)
Et si Gui vous échappe et que vous ne le tuiez pas, vous nous aurez mal commandés.
*Et se li jors ne lor faillist,
Que la nuit sitost ne venist,
Molt fussent cil dedenz grevéz.* (*Roman de Rou*, 3401)
Si le jour ne leur avait pas manqué et que la nuit ne fût pas venue si tôt, ceux de dedans auraient été fort éprouvés.

On remarquera que la conjonction de liaison *et*, obligatoire dans la langue actuelle, n'est pas nécessaire dans l'ancienne langue.

D'autre part *que* peut être sous-entendu et le verbe se met au subjonctif.

Ex.·: *Se il se muevent et il me soit conté.* (*Gaydon*, v. 668)
S'ils se révoltent et *que* cela me soit raconté.

Pour la suppression de la conjonction *se* après une proposition comparative, cf. *infra*, p. 207.

PROPOSITIONS COMPARATIVES

Dans les conjonctions de comparaison le second terme n'est pas *que*, comme dans la langue actuelle, mais la conjonction de comparaison par excellence *com:* on disait *si com, ensi com, tant com, autant com) tel com*, etc.; on a cependant *mielz que, plus que*, et non *mielz com, plus com*.

Le mode est l'indicatif, quand il s'agit d'un fait réel ou envisagé comme tel.

Ex: *Jo vos donrai…*
Terres et fieus tant com vos en voldrez. (Rol., 76)
Je vous donnerai terres et fiefs autant que
vous en voudrez.

Le subjonctif apparaît quand la comparaison a un sens hypothétique et conditionnel, surtout après *si com, tant com*.

Ex: *Si com vos place.* (*Vie de S. Thomas*, 3466)
Autant qu'il puisse vous plaire, qu'il vous plaira.
Tant come je tienge: autant que je puisse tenir
(*Aliscans*, 66290)

Il arrive quelquefois que le second membre de la comparaison renferme un verbe à l'imparfait du subjonctif, qui correspond à un conditionnel.

Ex: *Il s'entresloignent plus qu'uns ars ne traisist.*
(*Cour. de Louis*, 2537)
Ils s'éloignent l'un de l'autre de pins de la portée
d'un arc (mot à mot: plus qu'un arc n'aurait tiré).

Dans des phrases comme les suivantes: *Mielz vueil morir que je ne l'alge ocidre* (Rol., 1485): j'aime mieux mourir plutôt que de ne pas aller le tuer; *Mielz vueil morir que ja fuiet de champ* (Ibid., 2738): j'aime mieux mourir plutôt que de ne pas le voir quitter le champ de bataille, le subjonctif n'est pas amené par la locution *mieux que*, mais par le verbe de la proposition principale sous-entendu devant la subordonnée: *je veux plutôt mourir que je ne veux que j'aille le tuer*.

Comme dans les propositions complétives, la conjonction *que* peut être omise, mais plus rarement, dans les propositions comparatives.

Ex: *Miex vodroie estre a cheval trainée*
De vostre corps fusse jamais privée
(*Girard de Viane*, Tarbé, 40)

J'aimerais mieux être traînée par un cheval plutôt que
d'être privée de vous.

Dans la locution *pas plus que si*, l'ancien français peut supprimer *si*; le verbe de la subordonnée, au subjonctif imparfait, équivaut alors à une proposition conditionnelle sans conjonction; cf. *supra*, p. 205.

Ex: *Ne·t conoisseie plus c'onques ne·t vedisse.* (*Alexis*, 435)
Je ne te connaissais pas plus que si je ne
t'avais jamais vu.

Au lieu de *que* dans le second terme de la comparaison on trouve souvent *que ce que*.

Ex: *Ele ameroit mieus que il fust mors que ce que*
il feïst un pechié mortel. (Joinville, 7)

Ce peut être supprimé et on a alors: *que que*.

Ex: *Je ameroit mieus que uns Escoz venist d'Escosse…*
que que (= plutôt que) *tu le gouvernasses mal.*
(Joinville, 21)

PROPOSITIONS CONCESSIVES

Les propositions concessives se rapprochent par le sens des propositions conditionnelles. Elles peuvent n'être accompagnées d'aucune conjonction dans l'ancienne langue, surtout dans des formules marquant l'alternative, comme: *vueillet o non*, qu'il veuille ou non, qui sont des propositions concessives elliptiques.[1]

Ex: *Vueillet o non, remés i est a piét.* (*Rol.*, 2168)
Qu'il veuille ou non, il est resté à pied.
Vousist ou non, l'a deuz piéz reculé. (*Aliscans*, 6271)
Qu'il voulût ou non, il l'a fait reculer de deux pieds.

---

1 Cf. l'expression moderne *soit que… soit que*, qui est aussi une proposition concessive elliptique.

Une autre forme de proposition concessive peut commencer par *tout* (aujourd'hui *tout... que* avec un adjectif seulement) construit avec le subjonctif sans *que*.[1]

> *Tout ait Dieus faites les choses,*
> *Au mains ne fist il pas le nom.* (Rom. de la Rose, 7829)
> Quoique Dieu ait créé les choses, du moins
>   il ne fit pas le nom.
> *Tout soiez joenes, si estes vous ja tes*
> *Que vous devez par droit estre honorés.* (Enf. Ogier, 7251)
> Quoique vous soyez jeune, vous êtes cependant
>   tel que vous devez par droit être honoré.

Les propositions concessives ou restrictives sont introduites ordinairement par des locutions conjonctives composées avec *que*, comme: *jaçoit*[2] *que, quoi que, que que,*[3] *quel que, quand* (plus tard *quand même*), *pour... que* (dans *pour grand que*), *combien que, non obstant que*, etc.

Le mode est le subjonctif, sauf avec *quand, quand même*, qui se construisent avec le conditionnel.

Ex: *Ja soit ce que il Nostre Seignor cultivassent, a ces*
   ydles servirent. (Quatre livres des Rois, IV, 404)
   Quoiqu'ils pratiquassent le culte de Notre Seigneur,
      ils servirent ces idoles.

Même en dehors des cas cités plus haut, il peut arriver qu'une phrase renfermant un verbe au subjonctif sans conjonction ait, en ancien français, un sens concessif ou restrictif, comme dans les formules modernes: *fût-ce le roi lui-même; fût-il la valeur même,... Il verra ce que c'est que de n'obéir pas* (Corneille, Cid, v. 568).

---

1 Cf. Tobler, *Vermischte Beitraege*, I (1re éd.), p. 70.
2 Cette locution est elle-même une proposition concessive elliptique: *ja ce soit que*. On trouve aussi, mais plus rarement: *ja fust que*. *Jaçoit que* se rencontre encore quelquefois au XVIIe siècle, par exemple dans Bossuet.
3 *Que... que, quoi... que* peuvent avoir aussi un sens temporel:
   Que qu'ele se demente einsi,
   Uns chevaliers del bois issi. (Chr. de Troyes, *Erec*, 2795)
   Pendant qu'elle se «démente » ainsi, un chevalier sortit bois.
   Kanque, quant que peuvent avoir aussi le même sens.

La construction de *pour* avec un adjectif *(pour grand que)* a amené une construction analogue avec un substantif.

Ex: *Pour proesce que il eüst; pour meschief qui avenist au cors;* on pouvait dire aussi avec *par; par pooir que nous ayons;*[1] mais cette formule est plus rare.

Comme on le voit, les propositions concessives ou restrictives – dont les nuances sont des plus variées – pouvaient être énoncées sans l'aide d'une conjonction, mais au mode subjonctif;[2] d'autre part les principales conjonctions concessives de la langue actuelle comme *bien que, quoique (malgré que)* étaient inconnues ou peu usitées dans l'ancienne langue.[3]

PROPOSITIONS CAUSALES

Elles sont introduites par les conjonctions suivantes: *que, quant* (puisque), *puisque, por o que, par ço que, de ço que,* etc. Le mode employé est l'indicatif.

Ex: Ne l'amerai por ço qu'est ses compaing.   (*Rol.*, 285)
Je ne l'aimerai pas, parce qu'il est son compagnon.
Puis que'l comant, aler vos en estuet.   (*Rol.*, 318)
Puisque je l'ordonne, il faut vous en aller.
Volentiers, dist le cuens, quant vos le comandez.
                              (*Pèlerinage*, 554)
Volontiers, dit le comte, puisque vous le commandez.

Dans l'expression de la fausse cause, *non que, non pas que* se construit avec le subjonctif, comme dans la syntaxe moderne.

---

1   Exemples tirés de Villehardouin.
2   *Tant soit peu* est une proposition concessive: on trouve dans l'ancienne langue *que poi que soit:* quelque peu que ce soit.
3   Au XVIIe siècle *bien que, quoique, malgré que, encore que,* se construisent souvent avec l'indicatif; mais cette construction n'est pas conforme à celle de l'ancienne langue, quoi qu'en dise Haase (*Synt.fr.*, § 83), car la plupart de ces conjonctions ou locutions conjonctives y étaient inconnues.

PROPOSITIONS TEMPORELLES

Les propositions temporelles sont introduites par diverses conjonctions de temps comme: *quant, comme* (sens temporel, équivalent de *quant*); *l'ore que* (lorsque), *dementre que* (pendant que), *tant com* (tant que), *que... que*, marquant la durée; *ainz que*, avant que, *puis que*, après que; *tresque, entro que, jusque*, etc.

Le mode est l'indicatif, comme dans la syntaxe moderne, quand on veut parler d'un fait réel.

> **Ex:** *Ensemble furent jusque a Deu s'en ralèrent.* (*Alexis*, 603)
> Ils furent ensemble jusqu'à ce qu'ils s'en
>   allèrent de nouveau vers Dieu.
> *La nuit demorent tresque vint al jorn cler.* (*Rol.*, 162)
> Ils attendent, la nuit, jusqu'à ce que vint le jour clair.
> *Que qu'ele se demente einsi,*
> *Uns chevaliers del bois issi.*
>   (Chrestien de Troyes, *Erec*, 2795)
> Pendant qu'elle se «démente» ainsi,
>   un chevalier sortit du bois.

Le subjonctif marquant un fait hypothétique, qui n'existe pas encore, se rencontre surtout après: *jusque* (= *jusqu'a ce que*), *ainz que, tant com, tant que*, etc.

> **Ex:** *Ainz que seiez chalciéz, le matin li dirai.* (*Pèlerinage*, 517)
> Avant que vous soyez habillés, le matin je lui dirai.
> *Jo vo defent que n'i adeist nuls hom*
> *Jusque Deus vueillet.* (*Rol.*, 2439)
> Je défends que personne n'y touche, jusqu'à
>   ce que Dieu le veuille.
> *Ço n'iert, dist Guenes, tant com vivet ses niés.* (*Rol.*, 544)
> Ce ne sera, dit Ganelon, tant que vivra son neveu.
> *Tant com el vive.* (*Chastelaine de Vergi*, 552)
> Aussi longtemps qu'il vivra.

Comme au sens de *lorsque* s'est construit souvent avec l'imparfait ou le plus-que-parfait du subjonctif; mais on trouve aussi l'indicatif (*Rol.*, 1643, 2917). C'est surtout au XVIe siècle que cette construction avec le subjonctif est fréquente et on en trouve encore quelques exemples au début du XVIIe siècle. Il y a eu peut-être là une influence de la syntaxe latine, surtout aux XVIe et XVIIe siècles.

Ex: *Comme ils eüssent soupé et qu'il y avoit largement gens*
                                          (Commynes, I, 5)
   Comme ils le priassent de vouloir escrire des loix.
                                          (Amyot, Lucullus)
   Comme quelques-uns le priassent de se retirer.
                                          (Malherbe, IV, 208).[1]

---

[1]   Cf. Brunot, *Gram. hist.*, § 416; Haase, *Synt. fr.*, § 82 B.

CHAPITRE 11
Conjonctions, Adverbes, Prépositions, Ordre des Mots

CONJONCTIONS

La syntaxe des conjonctions se rattache étroitement à l'étude des propositions subordonnées et se confond en partie avec elle; nous renvoyons donc à cette étude. On se reportera à la Morphologie pour les formes des diverses conjonctions et leur origine. Nous ne parlerons ici que de quelques points qui n'ont pas été traités dans l'étude des propositions subordonnées.

OMISSION DE QUE

On a vu plus haut (p. 180, 196, 201, 206) que la conjonction *que* pouvait être omise devant le subjonctif dans une proposition indépendante, devant une proposition complétive ou consécutive et dans quelques autres cas.

EMPLOI DE QUE

La conjonction *que* est par excellence la conjonction usitée dans les langues romanes et en particulier en français. Son domaine s'est restreint dans la langue moderne; au moyen âge elle suffisait à elle seule – sans l'adjonction d'autres éléments – à désigner des rapports assez divers; elle pouvait même remplacer devant les propositions subordonnées la plupart des autres conjonctions.

Que peut avoir le sens de *afin que*.

Ex: *El camp estez, que ne seiom vencu.* (Rol., 1046)
Restez sur le champ de bataille pour que nous ne soyons pas vaincus.

Que peut signifier *si bien que, de sorte que* ou *pour que*.

Ex: *Charles se dort qu'il ne s'esveillet mie.* (*Rol.*, 724)
Charles dort si bien qu'il ne s'éveille pas.
Com fus si os que me saisis? (*Ibid.*, 2293)
Comment as-tu été si osé pour me saisir?

Que peut encore signifier *autant que, pour autant que*, comme dans les expressions *que je sache, que je puisse* (= autant que je sache, autant que je puisse).

Que a souvent un sens explicatif et peut se traduire par *car*.

Ex: *Nicolete laisse ester, que c'est une caitive qui
fu amenée d'estrange terre.* (*Aucassin*, II, 27)
Laisse Nicolette, car c'est une pauvre mie
qui fut amenée d'une terre étrangère.

Lorsque plusieurs propositions subordonnées, qui devraient commencer par *que*, se suivent, *que* peut n'être exprimé que devant la première: il en est de même de *quant* et de *se* (= *si*).

Ex: *Manderent que li emperere Alexis s'en ere foïz et si avoient
relevé a empereor l'empereor Kyrsac.* (Villehardouin)
Ils mandèrent que l'empereur Alexis s'était enfui et *qu'*ils
avaient rétabli pour empereur Isaac.
*Se trestuit cil qui sont en paradis ierent présent et chascuns
fust garnis...*
Si tous ceux qui sont en paradis étaient présents et *que*
chacun fût pourvu.

Mais si l'ancien français avait la liberté de ne pas répéter la conjonction, il pouvait aussi, comme la langue moderne, remplacer par *que* la plupart des autres conjonctions, quand celles-ci auraient dû être répétées devant une ou plusieurs propositions subordonnées formant une même phrase. Cf. des exemples de cet emploi *supra*, aux propositions hypothétiques, p. 205.

Pour les emplois et les sens de *que* dans les propositions comparatives, cf. *supra*, p. 205–206.

Puisque, conformément à son étymologie (*post quod*, ou mieux *post quid*, pour *postquam*) a le sens temporel (*après que*) aussi bien que le sens causal.

Ex: *Puisque il est sur son cheval montét.*   (*Rol.*, 896)
Après qu'il est monté sur son cheval.
Puisque·l comant, aler vos en estuet.   (*Rol.*, 318)
Puisque je le commande, il faut vous en aller.

CONJONCTIONS DE COORDINATION

Emploi de Si

La conjonction *si* (lat. *sic*) peut' s'employer pour *et*: cet emploi est très fréquent.[1] On trouve aussi *si* renforçant *et*: *et si* .

Si a quelquefois le sens adversatif (= *mais, et pourtant, et cependant*); très souvent aussi il est employé explétivement et peut être négligé dans la traduction.

Ex: *Enceis nel vit, si·l conut veirement.*   (*Rol.*, 1639)
Il ne l'avait jamais vu, mais il le reconnut bien.
Il est mes filz e si tendrat mes marches.   (*Rol.*, 3716)
Il est mon fils et il tiendra mes marches (frontières).

L'emploi de *si* avec un sens adversatif s'est conservé jusqu'au XVIIe siècle dans des expressions comme: *si fautil, et si* (= et pourtant). Cf. de nombreux exemples dans Haase, *Synt. fr.*, § 141.

Souvent *si* devant une principale sert simplement à rappeler une circonstancielle qui précède.

Ex: *Quant li Sarrazin les virent, si nos laissièrent.*   (Joinville, 227)

Emploi de Ne (Ni)

Pour peu qu'une phrase disjonctive ait un sens dubitatif, *ne* peut remplacer *ou* comme copule de liaison. Cela tient à ce que *ne* (*ni*) disjonctif n'a pas un sens nettement négatif et qu'il doit être précédé d'une négation pour avoir ce sens.[2]

---

1   Les débutants confondent souvent la conjonction de coordination *si* = *et* et la conjonction *se* marquant l'hypothèse.
2   Brunot, *Gram. hist.*, 2e éd., § 511.

Ex: *Se galerne ist de mer, bise ne altre venz.* (*Pèlerinage*)
Si la galerne (vent), bise *ou* autre vent s'élève de la mer.
Se tu dois prendre, beaus fiz, de faus loiers,
Ne desmesure lever ne esaucier...
Ne oir enfant retolir le sien fié,
Ne veve feme tolir quatre deniers,
Ces te corone, de Jesu, la te vié. (*Cour. de Louis*)
Beau fils, si tu dois prendre des salaires indus, favoriser *ou* protéger l'orgueil, *ou* ravir son fief à un enfant orphelin, *ou* enlever à une femme veuve ses quatre deniers, cette couronne, au nom de Jésus, je te défends d'y toucher.
Dictes-moi où, n'en quel païs
Est Flora, la belle Romaine,
Archipiada ne Thaïs?
(Villon, *Ballade des dames du temps jadis*)

ADVERBES

L'étude des adverbes présente peu d'intérêt au point de vue syntaxique. On peut étudier en effet leur origine et leur étymologie, comme nous l'avons fait dans la Morphologie, les variations de sens (ce qui est du domaine du lexique et de l'histoire des mots) ou enfin leur place dans la proposition. A ce dernier point de vue on peut les étudier dans la partie de la syntaxe qui traite de l'ordre des mots; mais là encore leur étude n'offre ni intérêt ni difficultés: aussi nous nous bornerons ici à quelques observations syntaxiques, renvoyant pour le reste à la Morphologie.

MAR, BUER

Parmi les adverbes dont l'emploi est spécial à l'ancienne langue il faut citer *mar* ou *mare* et *buer*, d'un emploi très fréquent, surtout le premier. *Mar* (du latin *mala hora*) signifie: *pour le malheur, malheureusement; buer* (de *bona hora*) signifie le contraire.

Ex: *Tant* mare *fustes, ber!* (*Rol.*, 350)
C'est pour votre malheur que vous y fûtes, baron.

> *Ja* mar *crerez Marsilie.* (Rol., 196)
> Vous aurez bien tort de croire Marsilie.
> *Carles li Magnes* mar *vos laissat as porz.* (Rol., 1949)
> C'est pour votre malheur que Charlemagne vous laissa aux ports (passages des Pyrénées).

Exemples de *buer*.

> *Ta lasse medre si la reconfortasses*
> *Qui sist[1] dolente! Chiers filz, buer i allasses!* (Alexis, 450)
> Ta pauvre mère, qui est si dolente, tu l'aurais réconfortée. Cher fils, quel bonheur si tu y étais allé!
> *Buer creümes ier vostre los.* (Ch. de Troyes, Erec, 1226)
> Nous eûmes bien raison hier de croire votre conseil.
> *Dame! certes buer fustes née!* (Erec, 3403)
> Dame, certes vous êtes née sous une bonne étoile.

Dont

Dont, adverbe d'interrogation, signifie, conformément à son étymologie (*de unde*), *d'où*, et s'emploie avec ce sens.

> **Ex:** *Dont venez-vous?* D'où venez-vous?
> *El regne dont tu fus.* (Rol., 1961)
> Au royaume *d'où* tu étais originaire.
> *Si ne sai dont vos est venue*
> *Tel pensée...* (Chast. de Vergi, 164)
> Je ne sais *d'où* vous est venue telle pensée.

On trouve encore dans Rabelais: *Dont es-tu? Dont viens-tu?* Cet emploi est d'ailleurs encore connu au XVIIe siècle.[2]

Pour l'emploi des adverbes *où, y, en* en fonction de pronoms, cf. *supra*, p. 156.

Pour l'emploi de *en* avec les verbes, cf. *supra*, p. 176, et Meyer-Lübke, *Grammaire des langues romanes*, III, § 477.

---

1 Pour *si est*.
2 Cf. Haase, *Synt. fr.*, § 37 A.

ADVERBES DE NÉGATION

La négation est exprimée dans la plus ancienne langue par la négation simple *nen*[1] (lat. *non*) devant une voyelle,[2] *ne* devant une consonne; sans adjonction d'un autre mot.

Cet emploi s'est maintenu, dans des cas assez nombreux, jusqu'au XVIIᵉ siècle; cf. Haase, *Synt. fr.*, § 100.

Ex: *Nen ont poor.* (Rol., 828)
Ils n'ont pas peur.
Jo nen ai ost qui bataille li donget. (Rol., 18)
Je n'ai pas d'armée pour lui livrer bataille.

La négation composée (*ne... pas, ne... point, ne... mie*) apparaît çà et là dans la *Chanson de Roland*, tandis qu'on n'en trouve pas de traces dans les textes antérieurs.[3]

Au XIIᵉ siècle, la négation composée devient de plus en plus fréquente.

En moyen français les mots *pas* et *point*, qui accompagnent la négation, finissent par prendre un sens négatif qu'ils n'avaient pas d'abord; ils peuvent s'employer seuls, surtout dans des phrases interrogatives; cet emploi a survécu au moyen français et se retrouve souvent au XVIIᵉ siècle: *Fit-il pas mieux que de se plaindre?* (La Fontaine). *Avais-je pas raison?* (Id., VI, 10). *Tous les jours sont-ils pas à Dieu?* (Bossuet). Cet emploi a lieu surtout, au XVIIᵉ siècle, dans les interrogations directes.[4]

PRÉPOSITIONS

L'étude des prépositions relève, pour ce qui est des changements de sens, du lexique historique, et non de la syntaxe. Nous traiterons cependant ici de quelques-unes des principales prépositions, parce que les variations de leur usage touchent de près à l'histoire de la langue et à la syntaxe proprement dite.

---

1   Cf. la négation *nen il* devenue *nennil* et *nenni*; cf. *supra*, Morphologie, p. 134–135.
2   Quelquefois *n'*.
3   Jusqu'a la *Vie de Saint Alexis* inclusivement (milieu du XIᵉ siècle) on ne trouve pas de négation composée.
4   Haase, *Synt. fr.*, § 101.

A

C'est une des prépositions dont les sens étaient les plus variés dans l'ancienne langue.

A paraît avoir hérité des sens des prépositions latines *ad* (vers), *ab* (par, avec), *apud* (auprès de).

Pour son omission devant un régime indirect, cf. *supra*, p. 149; pour son emploi devant un infinitif, cf. p. 184; pour marquer la possession, la parenté, cf. p. 149; devant un substantif attribut, p. 147; emploi de *a* après un verbe passif, p. 175.

A marque, comme dans la langue moderne, le lieu où l'on va et le lieu où l'on est. Dans le premier cas, l'emploi de *a* était plus libre dans l'ancienne langue que dans la moderne. On disait *aler a Paris*, mais aussi *chevaucher a une autre cité, entrer au royaume d'Angleterre*.

Ex: *Angele dei ciel i descendent* a *lui.* (*Rol.*, 2374)
Des anges du ciel descendent *vers* lui.

L'emploi de *a*, dans ce sens, s'est un peu restreint dans la langue moderne au profit de *vers, dans, en*. Mais on trouve encore au XVIIe siècle des exemples comme les suivants:[1]

Je méditais ma fuite aux terres étrangères. (Racine)
L'un des trois jouvenceaux
Se noya dès le port allant à *l'Amérique.*
(La Fontaine, *Fables* XI, 8)

A sert souvent à marquer le temps, l'époque, avec ou sans idée de durée.

Ex: *A cel jour:* ce jour là.
Vos le sivrez a feste Saint Michel. (*Rol.*, 37)
Vous le suivrez à la fête Saint Michel.
Ne l'amerai a trestot mon vivant. (*Rol.*, 323)
Je ne l'aimerai *de* toute ma vie.
Metez le siege a tote vostre vie. (*Rol.*, 212)
Mettez-y le siège *pendant* toute votre vie.

---

1 Cf. Haase, *Synt. fr.*, § 120.

Il porterent viande a nuef mois. (Villehardouin, 21)
Ils portèrent de la nourriture *pour* neuf mois.

A marque très souvent le moyen, l'accompagnement, la manière et peut se traduire par *avec*.

Ex: *A l'une main si ad son pis batut.* (Rol., 2368)
Avec une de ses mains il a frappé sa poitrine.
L'olifant sone a dolor et a peine. (Rol., 1787)
Il sonne l'olifant *avec* douleur et *avec* peine.
Ad ambes mains deront sa barbe blanche. (Alexis, 78b)
Avec ses deux mains il déchire sa barbe blanche.
A pou de gent repère en la cité. (Aimeri de Narbonne, 1989)
Avec peu de gens il revient dans la cité.
Passa la mer a son seignor. (Benoit de Sainte-Maure, 38495)
Il passa la mer *avec* son seigneur.

On trouve avec le même sens la locution composée *a tout* (= avec).

Li cuens Tybaus de Champaigne… vint servir le roi a tout *trois cens chevaliers* (= *avec* trois cents chevaliers).

A a aussi un sens distributif.

Ex: *Muerent paien a miliers et a cenz* (Rol., 1417).
Les païens meurent *par* milliers et *par* centaines.

AVANT, DEVANT

Avant était surtout adverbe dans la langue du moyen âge. Il l'est constamment dans la *Chanson de Roland*. En moyen français l'usage de *avant* préposition se développe et triomphe à partir du XVIe siècle.

Devant était adverbe et préposition: il s'employait comme préposition, dans l'ancienne langue, là où nous mettrions *avant*. **Ex:** *Devant le jour*, avant le jour.

Au XVIIe siècle, ces deux prépositions ne se distinguent pas encore d'une manière précise; les conjonctions *avant que* et *devant que* sont en concurrence, mais, malgré les préférences de Vaugelas pour cette dernière, *avant que* remporte.[1]

---

1 Haase, *Synt. fr*, § 130.

DE

De présente, comme *à*, une très grande variété de sens. Cette préposition marque primitivement la séparation; mais, au figuré, les sens sont très divers.

Pour l'omission de *de* devant un complément possessif, cf. *supra*, p. 148; *de* devant un infinitif, cf. p. 185; *de* précédant un sujet logique, cf. p. 147; *de* après un comparatif, cf. p. 152; *de* après un participe passé, cf. p. 175; après un adjectif (*ma lasse d'ame*), cf. p. 151.

De peut signifier *de la part de, au nom de*.

Ex: Et l'arcevesques, de Deu, les beneïst. (*Rol.*, 1137)
Et l'archevêque, au nom de Dieu, les bénit.
Ceste corone, de Jesu, la te vié. (*Cour. de Louis*)
Cette couronne, au nom de Jésus,
je te défends 'd'y toucher.
Salvéz seiez de Mahom! (*Rol.*, 416)
Soyez sauvé, au nom de Mahomet!

De peut désigner l'instrument, le moyen, la manière et la matière: voici des exemples des deux premiers cas, les deux derniers étant conformes à la syntaxe moderne.

Ex: Molt larges terres de vos avrai conquises. (*Rol.*, 2352)
J'aurai conquis *par* vous de bien grandes terres.
De saint batesme l'ont fait regenerer. (*Alexis*, 29)
Avec le saint baptême ils l'ont régénéré.

Pour le *de* partitif, cf. l'article partitif. C'est au *de* partitif que se rattachent des exemples comme le suivant: *avez veü de ces ribaus?* (= avez-vous vu ces ribauds?) (Joinville, 237). On trouve des tournures semblables avec *veoir* et *ouir*.

De signifiant *au sujet de, touchant, concernant*, s'emploie dans les mêmes cas que dans la langue moderne; mais son emploi est bien plus étendu. Il est impossible d'énumérer toutes ces nuances de sens, qui varient suivant le contexte.

Il semble cependant qu'on puisse rattacher à ce sens l'emploi de *de* exclamatif.

Ex: *O chiers amis, de ta joyente bele!* (*Alexis*, 476)
O cher ami, quel regret de ta belle jeunesse!
Fils Alexis, de ta dolente medre! (*Ibid.*, 396)
Fils Alexis, que ta mère est malheureuse!
Deus, que ferai? Lasse, cheitive!
Del melhor chevalier qui vive,
Del plus franc et del plus jantil! (Chr. de Troyes, *Erec*, 4347)
Dieu, que ferai-je? Pauvre malheureuse! Le meilleur chevalier qui vive, le plus noble et le plus gentil!

De marquant l'éloignement et la séparation peut signifier, avec certains verbes, *contre*.

Ex: *Que nos aidiez de Rollant le baron.* (*Rol.*, 623)
Que vous nous aidiez *contre* (à nous délivrer *de*) Roland le baron.
Mais que de Sarrazins et paiiens nos guardez.
(*Pèlerinage*, 224)
Pourvu que vous nous gardiez des Sarrasins et des païens, que vous nous protégiez contre eux.

De suivi d'une indication de temps s'emploie dans de nombreux cas où nous mettrions *depuis*. On disait: *de tant* (depuis tant de temps), *de piece, de grant pièce* (depuis longtemps).

De suivi d'un adjectif neutre a servi à former des locutions adverbiales: *de nouveau*. Cet emploi était plus étendu dans l'ancienne langue que dans la moderne: *de fi, de certain* (= sûrement), *del tot* (complètement); cf. les expressions analogues *de rien, de neient* (= en rien), etc.

EN

En provient du latin *in*, qui signifiait *dans* et *sur*: ces deux sens existaient dans l'ancienne langue, qui disait: *se dresser en piez, estre pendu en crois, estre assis en cheval* (lat. *in equo sedere*), *monter en cheval*, etc.

Ex: *Ja mais en teste ne portera corone.* (*Rol.*, 930)
Jamais *sur* la tête il ne portera la couronne.

> *Seanz en deus chaiéres, lez a lez.* (Villehardouin, 216)
> Assis *sur* deux chaises, côte à côte.

En s'employait ordinairement devant un nom de ville: *en Londres, en Rome la citét, en Saragoce,* etc. Cet emploi a persisté jusqu'au XVIIe siècle: *en Jérusalem, en Damas, en Florence,* surtout devant des noms de ville commençant par une voyelle: *en Alger, en Avignon.*[1]

Pour l'emploi de *en* devant un infinitif et un gérondif, cf. p. 189.

De *en* il faut rapprocher la double préposition *enz en* < *intus in,* qui disparaît d'ailleurs dès le XIIe–XIIIe siècle.

On sait que *en le* a donné *el,* plus tard *ou,* et que *en les* est devenu *es.* Cette dernière forme a survécu jusqu'au XVIe siècle; *es* était encore vivant au XVIIe.[2]

> **Ex:** *Il tombe ès mains d'un autre ennemi.* (Malherbe, II, 11)
> *Votre trône, o grand Dieu, est établi es sièces des siècles.*
> (Bossuet, *Serm. pour la Circoncision*)[3]

PAR

Par signifie primitivement *à travers,* qu'il s'agisse du temps ou de l'espace. Voici quelques exemples du premier emploi dans l'ancienne langue.

> **Ex:** *Par deus anz l'a il ja eü.* (Chr. de Troyes, *Erec*, 595)
> Il l'a eu pendant deux ans.
> *Ensi dura cil asalz bien par cinq jors.* (Villehardouin, 85)
> Ainsi dura cet assaut pendant cinq jours.

Par peut marquer le moment, l'époque.

> **Ex:** *Li emperedre est par matin levéz.* (Rol., 163)
> L'empereur est levé de bon matin.

Par signifie, comme aujourd'hui d'ailleurs, *au nom de.*

---

1 Haase, *Synt. fr.,* § 126, 2°, C.
2 Il s'est figé aujourd'hui dans quelques expressions comme *bachelier ès lettres, docteur ès sciences,* etc.
  Es étant un pluriel, les personnes qui, par manie d'archaïsme, l'emploient devant un nom au singulier commettent une erreur: des formes comme *docteur ès droit, ès medecine* n'ont jamais existé; *docteur ès droits* (droit civil, droit canon) au contraire est correct.
3 Haase, *Synt. fr.,* § 126, 2°, A. On trouve aussi, au XVIIe siècle, *èsquelles* = en, dans lesquelles.

Ex : *Par mon chief, ça dist Charles, orendreit le·m direz.*
(*Pèlerinage,* 41)
Par ma tête, dit Charles, vous me le direz tout de suite.

Par peut avoir le sens distributif.

Ex : *Par un et un i al pris les barons.* (*Rol.,* 2190)
Un par un il a pris les barons.

Il peut se traduire souvent par *avec,* surtout devant des noms abstraits.

Ex : *Serai ses hom par amor, et par feid.* (*Rol.,* 86)
Je serai son vassal, *avec* amour et fidélité.
Puis si chevalchent, Deus, par si grant fiertét! (*Rol.,* 1183)
Puis ils chevauchent, Dieu, *avec* quelle fierté !
Plorent… por lor parenz par cuer et par amor. (*Rol.,* 1447)
Ils pleurent pour leurs parents *avec* cœur et amour.

Par pouvait être précédé de la préposition *de,* marquant le point de départ, l'origine ; d'où la préposition composée *de par,* confondue dans l'orthographe avec *de part,* qui viendrait de *de parte.* En réalité il faut écrira *de par.*

Ex : *Vos lui dites de par moi.* (*Chevalier au Lyon,* 4286)
Dites-lui de ma part, en mon nom.
De par le roi. (*Raoul de Cambrai,* 167)
Au nom du roi.

Par suivi d'un nom ou d'un adjectif servait à former quelques locutions usuelles, dont voici les principales : *par nom de* (= au risque de).

Ex : *Par nom d'ocidre j'enveierai le mien.* (*Rol.,* 43)
Au risque de le perdre, j'y enverrai mon fils.
Par som = au sommet de, au-dessus de.
Par som les puis. (*Rol.,* 714)
Au sommet des puys.
Josque par som le ventre. (*Rol.,* 3922)
Jusqu'au-dessus du ventre.

C'est à des formations de ce genre que se rattache la préposition *par mi*, plus tard *parmi*.

Quant à *par* servant à former un superlatif, en particulier avec les verbes *être* et *avoir*, il se rattache aux adverbes; cf. *supra*, p. 131.

Par peut s'employer devant un infinitif. Cf. encore aujourd'hui: *il finit par dire, il commença par protester*; ce n'est d'ailleurs qu'avec ces deux verbes, que *par* est encore employé devant l'infinitif.

POUR

Pour peut signifier à *cause de*, pris en mauvaise part, c'est-à-dire en somme *malgré*.

> **Ex:** *N'en descendrat por malveises naveles.* (Rol., 810)
> Il ne descendra pas, si mauvaises que soient les nouvelles.

Por est surtout employé avec ce sens devant un infinitif.

> **Ex:** *Ja por morir le champ ne guerpiront.* (Rol., 1909)
> Jamais, dussent-ils y mourir, ils n'abandonneront le champ de bataille.
> *Ne vos faudrons par estre desmembré.*
> (Aimeri de Narbonne, 856)
> Nous ne vous faillirons pas, dussions-nous être démembrés.
> *N'alast avant por les membres trenchier.* (Cour. de Louis)
> Il ne serait pas allé en avant, même si on lui avait tranché les membres.

Au sujet de *pour* employé dans des propositions concessives, cf. *supra*, p. 209.

Pour marquant *la cause, le but*, a servi à former les locutions conjonctives: *por o que, por so que*, plus tard *pource que*, remplacé définitivement au XVIIe siècle par la conjonction *parce que*.

Por poi, por poi que peuvent se traduire par: *il s'en faut de peu que*.

> **Ex:** *Por poi d'ire ne fent.* (Rol., 304)

Il s'en faut de peu qu'il ne crève de colère.
Por poi que n'est desvéz. (Rol., 2789)
Peu s'en faut qu'il ne devienne fou.

ORDRE DES MOTS

L'ordre des mots était beaucoup plus libre dans l'ancienne langue que dans la langue moderne. L'existence des cas favorisait les inversions, comme on peut le voir par le début de la *Cantilène de Sainte Eulalie.*

Buona pulcela fut Eulalia;
Bels avret cors, bellezour anima;
Voldrent la veintre li Deo inimi.
Bonne jeune fille fut Eulalie – Beau elle eut le corps, plus belle l'âme – Voulurent la vaincre les Dieu-ennemis.

La liberté dans l'ordre des mots n'est pas d'ailleurs le pur arbitraire: souvent l'ordre pathétique l'emporte sur l'ordre dit logique, comme il arrive dans les langues qui n'ont pas encore fixé par des règles trop rigoureuses l'ordre de leurs éléments. Nous ne pouvons donner ici que quelques indications sommaires, le sujet étant trop vaste et les «règles» n'étant pas nettement établies.

Plus que dans la syntaxe proprement dite il y a dans ce domaine des usages, tendances ou habitudes plutôt que des règles.

PLACE DES SUBSTANTIFS SUJETS ET COMPLÉMENTS

Grâce à la distinction du cas-sujet et du cas-régime, il n'est pas rare de rencontrer le régime direct avant le verbe et le sujet après, ou bien le régime en même temps que le sujet devant le verbe, ou d'autres combinaisons.

Le régime indirect pouvait aussi précéder le sujet et le verbe, et ce sans préposition, comme on l'a vu plus haut; cf. p. 148. Voici quelques exemples de ces combinaisons, mais elles sont beaucoup plus nombreuses.

Ex: *Halt sont li pui et molt halt sont li arbre.* (Rol., 2271)
Les puys sont hauts et très hauts sont les arbres.

> *Ço sent Rollant la veüe at perdu...*
> *Croist li aciers... et dist li quens.* (*Rol.*, 2297)
> Roland sent qu'il a perdu la vue;...
> l'acier grince... le comte dit.
>
> *Rollant saisit et son cors et ses armes.* (*Rol.*, 2280)
> Il saisit Roland (*cas- régime*) et son corps et ses armes.
>
> *L'altre meitiet avrat Rollanz sis niés.* (*Rol.*, 473)
> L'autre moitié, Roland, son neveu, l'aura.
>
> *L'anme del Comte portent én Paradis.* (*Rol.*, 2396)
> Ils portent en Paradis l'âme du comte.
>
> *Karles se dort com home travaillét,*
> *Saint Gabriel li at Deus enveiét,*
> *L'empereor li comandet a garder.* (*Rol.*, 2525)
> Charlemagne dort comme un homme fatigué; Dieu lui
> a envoyé Saint Gabriel; il lui commande de veiller sur
> l'empereur.
>
> *Ne hoir enfant retolir le sien fié.* (*Cour. de Louis*)
> Ne pas enlever son fief à un enfant orphelin.

SUJET APRÈS LE VERBE

Dans, les propositions optatives le sujet suit ordinairement le verbe.

> **Ex:** *Dehait ait li plus lenz!* (*Rol.*, 1938)
> Malheur au plus lent!

Cf. encore, dans la langue moderne: *Fasse le ciel! Puissé-je! Puisse-t-il! Périssent les colonies!*

Même en dehors de ce cas, le sujet se place après le verbe bien plus souvent que dans la langue moderne, non seulement dans les propositions principales, mais aussi dans les subordonnées.

Cette inversion; dans les propositions principales, a lieu quand la proposition commence par des adverbes de lieu, de temps, de manière ou par un complément. La langue moderne a gardé des restes assez nombreux de cet usage.

> Ex..: *Devant chevalchet mis Sarrazins.* (*Rol.*, 1470)
> Devant chevauche un Sarrasin.

Les dis mulez fait Charles establer.	(*Rol.*, 158)
Charles fait remiser les dix mulets.	
Parmi la boche en salt fors li clers sancs.	(*Rol.*, 1763)
Parmi la bouche en jaillit le sang clair.	
Ne placet Deu...	
Que ja por mei perdet sa valor France.	(*Rol.*, 1090)
A Dieu ne plaise... que jamais pour moi la France perde sa valeur.	

L'inversion est à peu près de règle jusqu'au XIVe siècle; à cette époque les infractions à la règle se multiplient.[1]

L'inversion du sujet se faisait fréquemment quand le verbe signifiait *dire*, *parler*, ou *voir*, *ouir*.

Ex:	Dist Oliviers.	(*Rol.*, 1080)
	Respont li enfes.	(*Cour. de Louis*, 214)
	L'enfant répond.	

Dans les incises l'inversion est de règle, comme aujourd'hui (*fait il*, *dist il*, *respont il*, etc.).

PLACE DU COMPLÉMENT DÉTERMINATIF

En général quand le substantif complément déterminatif n'est pas relié au substantif déterminant par la préposltion *de*, il suit le déterminant: *la mort Roland*, *l'espée Charlon*, *l'onor mon pere*.

Quand le complément détermimitif est uni à son substantif par la préposition *de*, il peut le suivre immédiatement, mais il arrive souvent qu'il le précède.

Ex:	De mon espede encui savras le non.	(*Rol.*, 1901)
	Tu sauras aujourd'hui le nom de mon épée.	
	De nos ostages ferat trenchier les testes.	(*Rol.*, 57)
	Il fera trancher les têtes de nos ôtages.	
	De mon lignage âi perdue la flour.	(*Aliscans*, 432)
	J'ai perdu la fleur de mon lignage.	

---

[1] G. Paris, *Chr.*, § 251, 252.

PLACE DE L'ADJECTIF ATTRIBUT

Avec le verbe *être* l'adjectif attribut est ordinairement en tête de la phrase. Dans les autres cas sa place ordinaire est après le verbe.

Buona pulcela fut Eulalia. (*Cantilene de Sainte Eulalie*)
Bons fut li siecles al tems ancienour. (*Alexis*, 1)
Vielz est e frailes, toz s'en vait declinant. (*Alexis*, 9)
Bon fut le monde au temps ancien... Il est vieux et débile, il s'en va déclinant.
Riches hom fut... (*Alexis*, 14)
Ce fut (c'était) un homme riche.
Granz sont les oz et les eschieles beles...
Grant est la plaigne et large la contrée. (*Rol.*, 3291, 3305)
Grandes sont les armées et beaux les bataillons...
Grande est la plaine et large la contrée.

Cf. supra : *Halt sont li puy et molt halt sont li arbre* (*Rol.*, 2271).
L'adjectif attribut avec le verbe *avoir* précède aussi souvent le verbe.

Ex. *Grant a le cors, bien ressemble marchis ;*
Blanche a la barbe, come flor en avril. (*Rol.*, 3502)
Il a le corps grand; il ressemble bien à un marquis; il a la barbe blanche, comme fleur en avril.

PLACE DE L'ADJECTIF ÉPITHÈTE

L'épithète précède plus souvent le nom dans l'ancienne langue que dans la langue moderne. Quelques grammairiens attribuent cette construction à une influence germanique; mais ce n'est pas sûr. On disait: *une veuve dame, un maigre cheval, un vi diable, un merveilleux barnage* (prouesse étonnante), *la crestiiene loi*, etc.

PLACE DU PARTICIPE PASSÉ

Le participe passé était mis souvent avant le verbe *être,* quoique ce ne fût pas sa place la plus ordinaire.

> **Ex:** *Batisiéz fut, si out nom Alexis.* (*Alexis,* 31)
> Il fut baptisé et il eut nom Alexis.
> *Morz est Turpins el servise Carlon.* (*Rol.,* 2242)
> Turpin est mort au service de Charles.
> *Vencuz est li niés Carle.* (*Rol.,* 2281)
> Il est vaincu, le neveu de Charlemagne.

D'autre part, le participe passé construit avec *avoir* pouvait aussi précéder l'auxiliaire.

> **Ex:** *Perdut avez Malpramis, vostre fils.* (*Rol.,* 3498)
> Vous avez perdu Malpramis, votre fils.
> *Desor son piz, entre les dous forcheles,*
> *Croisiédes ad ses blanches mains, les beles.* (*Rol.,* 2249–50)
> Sur sa poitrine, entre les deux épaules, il a croisé ses blanches mains, les belles.

PLACE DES PRONOMS

Quand deux pronoms personnels atones, l'un régime direct, l'autre régime indirect précèdent un verbe, le régime direct, quand il est *le, la, les,* se met le premier.

> **Ex:** *Donc la me ceinst li gentilz reis, li magnes.* (*Rol.,* 2321)
> Alors le noble roi, le grand *me la* ceignit.
> *Bien le me garde.* (*Rol.,* 18119)
> Garde *le moi* bien.

Cette construction s'est maintenue jusqu'au début du XVIIe siècle.[1]

Le pronom régime d'un infinitif qui dépend d'un verbe à un mode personnel ne s'intercale pas entre ce verbe et l'infinitif,

---
1 Haase, *Synt. fr.,* § 154 A.

comme dans la syntaxe moderne, mais il se met ordinairement devant le verbe principal, qui est considéré comme faisant corps avec l'infinitif suivant; ainsi l'ancienne langue disait: *je le veux voir; je le veux conseiller*. Cette tournure était encore l'usage habituel au XVIIe siècle.[1]

Le pronom personnel accentué, sans préposition, dans les propositions indépendantes non impératives, se place ordinairement avant le verbe; mais il peut aussi se placer après.

> **Ex:** *Tei covenist helme et bronie a porter.* (Alexis, 411)
> C'est à toi qu'il aurait convenu de porter le heaume et la cuirasse.
> *Liverrai lui une mortel bataille.* (Rol., 658.)
> Je lui livrerai un combat à mort.

Quant aux pronoms atones, ils se placent ordinairement avant le verbe.

Avec un impératif affirmatif, le pronom accentué se place ordinairement après l'impératif (construction actuelle: *conseilliez mei*), rarement devant. Avec un impératif négatif on emploie la forme atone, qui se met devant.

> **Ex:** *Ne vos esmaiiez onques.* (Rol., 920)
> Ne vous effrayez jamais.

On trouve aussi *ne t'esmaier* (infinitif impératif).

Dans une interrogation du genre de celle-ci: *le fis-tu; le dis-tu?* le pronom régime se place, dans l'ancienne langue, entre le verbe et le pronom sujet: *feïs le tu por mei?* Le tis-tu pour moi? *Avez les vos ocis?* Les avez-vous tués? *Faites le vos de grét ?* (Rol., 2000) Le faites-vous exprès?

Dans les expressions *il y en vint, il y en a*, *en* précédait *i* (y); l'ancienne langue disait: *il en i vint, en i a*.

PRONOM RELATIF

Il est souvent séparé de son antécédent.

---

1 Haase. *Synt. fr*.§ 154 C.

Ex: *Terres...*
Que Carles tient qui la barbe at floride. (*Rol.*, 2353)
Terres... que Charles tient qui a la barbe fleurie.
Uns Bedouins estoit venuz. qui. (Joinville)
E lors vint frère Enris de Ronai, prévos de
   l'Ospital, a lui, qui avoit passé la rivière. (Joinville)
Et alors vint à lui frère Henri... qui avait passé
   la rivière.

VERBES

TEMPS COMPOSÉS: PLACE DU RÉGIME

En ancien français le régime – et quelquefois le sujet – peut s'intercaler, dans les temps composés, entre le verbe auxiliaire et le participe passé.

Ex: *Si out li enfes sa tendre charn mudéde.* (*Alexis*, 116)
L'enfant avait changé sa tendre chair.
Guenes li fel at nostre mort juréde. (*Rol.*, 1457)
Ganelon le traître a juré notre mort.
La a Guillelmes rei Looïs trové. (*Cour. de Louis*, 2217)
Là Guillaume a trouvé le roi Louis.

Cette construction s'est maintenue jusqu'au XVIIe siècle.

Ex: *Chaque goutte épargnée a sa gloire flétrie.*
(Corneille, *Horace*, III, 6)
Dans le plus bel endroit a la pièce troublée.
(Molière, *Fâcheux*, I, 1)

Avec le sujet intercalé entre le verbe auxiliaire et le participe:

Sur qui sera d'abord sa vengeance exercée?
(Racine, *Bajazet*, V, 1)
De nul d'eux n'est souvent la province conquise.
(La Fontaine, *Fables*, I, 13)[1]

---

[1] Cf. A. Darmesteter, *Cours de gram. hist.*, Syntaxe, 2e éd., p. 226; Haase, *Synt. fr.* § 153, 2e et 153, 1 A.

PLACE DU COMPLÉMENT ET DU SUJET DE L'INFINITIF

Quand un infinitif, dépendant d'un verbe à un mode personnel, a un régime direct, le régime peut se placer avant l'infinitif.

Ex : *O je vos ferai ja ale teste colper* (*Pèlerinage*, 42)
Ou je vous ferai couper cette tête.
Bien en podrat ses soldediers loer. (*Rol.*, 133)
Il en pourra bien louer ses soldats.
Or li fesons toz les chevels trenchier. (*Cour. de Louis*)
Faisons-lui couper tous les cheveux.

Cette construction est beaucoup plus rare en prose. Le sujet de la proposition infinitive peut aussi se mettre entre le verbe personnel et l'infinitif (c'est la construction actuelle : *laissiez m'aler* = *laissez-moi partir*); mais de plus le sujet se place souvent devant le verbe personnel.

Ex : *Tanz bons vassals vedez gesir par terre.* (*Rol.*, 1694)
Vous voyez couchés par terre tant de bons vassaux.

Sur la place du pronom personnel régime d'un infinitif dépendant d'un verbe à un mode personnel, cf. *supra*, p. 229.

Enfin l'ancien français intercale volontiers le régime direct entre une préposition et un infinitif qui en dépend.

Ex : *Par lei tenir et por homes atraire.* (*Rol.*, 2256)
Pour maintenir la loi chrétienne et pour
convertir les hommes.
Prodome i out par son seignor aidier. (*Rol.*, 26)
C'était un homme de bon conseil pour
aider son seigneur.

Notes Bibliographiques

K. Bartsch, *Chrestomathie de l'ancien français*. 10ᵉ éd., Leipzig, 1910 (publiée par Leo Wiese). A la p. 315 commence le Tableau Sommaire des flexions de l'ancien français, interessant surtout pour les formes verbales.

E. Bourciez, *Précis historique de phonétique française*. 6e éd., Paris, 1926.

Id., *Éléments de linguistique romane*, 2e éd. Paris, 1924.

F. Brunot, *Grammaire historique de la langue française*. Iʳᵉ éd., Paris, 1886. Plusieurs éditions.

Id., *Histoire de la langue française des origines à 1900*, Paris, 1905-1929. 9 volumes parus.

C. Chanbaneau, *Histoire et théorie de la conjugaison française*. 2e éd., Paris, 1878.

L. Clédat, *Grammaire élémentaire de la vieille langue française*, Paris, 1885. 2e éd., 1887 (Avec une syntaxe détaillée). *Nouvelle grammaire historique du français*, Paris, 1889.

Id., *Chrestomathie de l'ancien français*, Paris, 10e éd., 1927.

Id., *Petit Lexique de l'ancien français*, Paris, 5e éd., 1916.

Id., *Manuel de Phonétique et de Morphologie historiques du Français*, Paris, 1917.

L. Contsans, *Chrestomathie de l'ancien français*, 3e éd, Paris, 1906.

A. Darmesteter, *Cours de grammaire historique de la langue française* (publié par les soins de E. Muret et L. Sudre), Paris, 1891-1896. 4 vol.

F. Diez, *Grammaire des langues romanes*, Traduction française, Paris, 1874-1876, 3 vol.

E. Einhorn, *Old French: a concise handbook*, Cambridge, 1974.

S. Eker, *Syntaxe du participe passé en ancien français*, Toulouse, 1923 (Thèse de Toulouse).

E. Étienne, *Essai de grammaire de l'ancien français (XIᵉ-XIVᵉ s.)*, Nancy, Paris, 1895 (avec une bonne syntaxe).

L. Foulet, *Syntaxe de l'ancien françai*, 2ᵉ éd., Paris, 1924.

Fr. Bl. Luquiens, *An Introduction to Old French Phonology and Morphology*, New Haven, 1909.

W. Meyer-Lübke, *Historische Grammatik der franzœsischen Sprache*, Heidelberg, 1908.

Id., *Grammaire des langues romanes*, Trad. française, Paris, 1890-1906, 4 vol.

K. Nyrop, *Grammaire historique de la langue française*. Copenhague, 1903-1936, 6 vol. (1. Histoire générale de la Langue. II. Morphologie.

III. Formation des Mots. IV. Sémantique. V. Syntaxe. VI Particules et verbes).

G. Paris, Observations grammaticales, p. 1–62, des *Extraits de la Chanson de Roland*.

G. Paris, Introduction à la *Chrestomathie du moyen âge*. p. I–XC, Paris, 1897, plusieurs éditions.

E. Schwan et D. Behrens, *Grammaire de l'ancien français*. traduction française par O. Bloch; 2ᵉ éd., d'après la neuvième édition allemande, Leipzig, 1913. La traduction est suivie d'un volume de *Matériaux pour servir d'introduction à l'étude des dialectes de l'ancien français*, publiés par D. Behrens.

H. Suchier, *Les voyelles toniques du vieux français*, trad. par Guerlin de Guer, Paris, 1905.

J. Vising, *Anglo-Norman Language and Literature*, Oxford, 1923; réimpression, Westport, 1970.

C. Voretzsch, *Einführung in das Studium der altfranzœsischen Sprache* (Introduction à l'étude de l'ancien français), 4ᵉ éd., Halle, 1911.

LEXIQUES

O. Bloch et W. von Wartburg, *Dictionnaire étymologique de la langue française*, 11ᵉ éd., Paris, 1996.

A. Bos, *Glossaire de la langue d'oïl (XIᵉ-XIVᵉ s.)*, Paris, 1891, réimpression Genève, 1974.

L. Clédat, *Dictionnaire étymologique de la langue française*. 12ᵉ éd., Paris, 1929.

E. Gamillscheg, *Etymologisches Wörterbuch der französischen Sprache*, Heidelberg, 2ᵉ éd., 1969.

F. Godefroy, *Dictionnaire de l'ancienne langue française*, 10 vol. in-4°.

Lexique de l'ancien français (Abregé de l'ouvrage précédent), avec préface de Jean Dufourne, Paris, 2003.

A. Greimas, *Dictionnaire de l'ancien français: le moyen âge*, Paris, 1979.

W. Rothwell, L. Stone, T.B.W. Reid et D. Evans, *Anglo-Norman Dictionary*, Londres, 1977–1992.

A. Tobler, *Altfranzösisches Wörterbuch*, 11 vol., Berlin, 1925–2002.

W. von Wartburg, *Französiches Etymologisches Wörterbuch*, 2ᵉ éd., Tübingen, 1950.

Pour les étymologies se référer aux deux ouvrages de M. Clédat et, E. Gamillscheg cités plus haut et à : W. Meyer-Lübke, *Romanisches Etymologisches Wörterbuch*, 3ᵉ, Heidelberg, 1935, réimpression 1992.

GRAMMAIRE DE L'ANCIEN FRANÇAIS 235

On trouvera des notions bibliographiques abondantes et précises sur l'histoire littéraire à la fin des deux ouvrages de Gaston Paris, intitulés: *La littérature française du moyen âge* (Boston, Adamant Media, 2002) et *Esquisse historique de la littérature française au moyen âge* (Paris, Librairie Armand Colin, 1907) et.

Cf. aussi *A Bibliography of the medieval French literature.* par L. Foulet. New-Haven, Londres, Oxford, 1915 (manuel très élémentaire qui, malgré ses lacunes, rendra service aux débutants); René Rancoeur, *Bibliographie de la Litterature Française du Moyen Age à Nos Jours,* Paris, Armand Colin, 1977.

En ce qui concerne la grammaire nous renvoyons à l'appendice bibliographique qui termine les diverses éditions de la *Grammaire de l'ancien français* de Schwan et Behrens.

Table des Matières

Préface 5
Abréviations et Signes Conventionnels 7

PHONÉTIQUE

Chapitre 1:   Observations Générales   11
Chapitre 2:   Vocalisme   19
Chapitre 3:   Consonantisme   36
Chapitre 4:   Prononciation   66

MORPHOLOGIE

Chapitre 5:   Article, Substantifs, Adjectifs, Pronoms   73
Chapitre 6:   Conjugaison   94
Chapitre 7:   Adverbes, Prépositions, Conjonctions,
              Négations, Interjections   130

SYNTAXE

Chapitre 8:   Syntaxe de l'Article, du Nom,
              de l'Adjectif, du Pronom   139
Chapitre 9:   Verbes   172
Chapitre 10: Propositions Subordonnées   192
Chapitre 11: Conjonctions, Adverbes, Prépositions,
              Ordre des Mots   212

Notes Bibliographiques   233

*Composé au Royaume-Uni
par Tiger of the Stripe.
La fonte est
Adobe Myriad Pro.*

www.ingramcontent.com/pod-product-compliance
Lightning Source LLC
Chambersburg PA
CBHW070312230426
43663CB00011B/2093